ПОСВЯЩАЕТСЯ АХМАТОВОЙ

Стихи разных поэтов,
посвященные Ахматовой

**Составление
П. Дэвидсон и И. Тласти**

*Вступительная статья, подготовка текста
и примечания П. Дэвидсон*

Предисловие Е. Б. РЕЙНА

ЭРМИТАЖ

1991

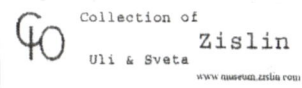

ПОСВЯЩАЕТСЯ АХМАТОВОЙ

Стихи разных поэтов, посвященные Ахматовой

Составление П. Дэвидсон и И. Тласти

POSVIASHCHAETSIA AKHMATOVOI
Dedicated to Akhmatova. Anthology of poems.
Compiled and edited by Pamela Davidson and Isia Tlusty

Copyright Ⓒ 1990 by individual authors
Predislovie copyright 1990 by Evgeny Rein
Vstupitel'naia stat'ia and **Primechaniia**
copyright 1990 by Pamela Davidson

All rights reserved

Library of Congress Cataloging-in-Publication Data

Posviashchaetsia Akhmatovoi : stikhi raznykh poetov, posviashchennye
   Akhmatovoi / sostavlenie P. Davidson i I. Tlusty ; vstupitel'naia
   stat'ia, podgotovka teksta i primechaniia P. Davidson ; predislovie
   E. B. Reina.
         p. cm.
   Includes bibliographical references.
   Romanized record.
   ISBN 1-55779-026-4 : $10.00
   1. Russian poetry--20th century. 2. Akhmatova, Anna
Andreevna, in fiction, drama, poetry, etc. I. Davidson, Pamela.
II. Tlusty, Isia.
PG3233.P665   1990   90-26485
891.71'408--dc20   CIP

Published by Hermitage Publishers
P. O. Box 410
Tenafly, N. J. 07670, U. S. A.

> Себе самóй я с самого начала
> То чьим-то сном казалась или бредом,
> Иль отраженьем в зеркале чужом,
> Без имени, без плоти, без причины.
>
> А. Ахматова
> *Из цикла «Северные элегии»,*
> *4 июля 1955*

Число стихотворений, посвященных Ахматовой при жизни и после ее смерти, представляет собой удивительный и, возможно, единственный в своем роде литературный феномен. Идея собрания этих стихов в форме отдельной коллекции не является новой и восходит к самой Ахматовой. У нее был альбом, ныне хранящийся в ЦГАЛИ (фонд 13), в который записывались разные, в основном ранние стихотворения, посвященные ей. В более поздние годы она собирала посвященные ей стихи в «полосатой тетради», которую она называла «В ста зеркалах». Эта тетрадь сейчас находится в Ленинграде в ГПБ (фонд 1073).

Первое изданное собрание стихов, посвященных Ахматовой, появилось в 1925 году под заглавием «Образ Ахматовой». Его составил искусствовед, график и литератор Эрих Голлербах; оно вышло маленьким тиражом в пятьдесят экземпляров и состояло из двадцати одного стихотворения со вступительной статьей, написанной составителем (все эти стихи вошли в настоящий сборник). Интерес Голлербаха к изобразительному искусству нашел отражение как в отборе самих стихотворений, так и в его вступительном эссе, в котором он указывает на связь между напечатанными стихами и различными портретами Ахматовой. Как следует из самого заглавия, основным принципом отбора стихотворений являлась их «портретность», то есть насколько в них проявлялся зрительный образ Ахматовой.

Идея составления новой, более полной антологии стихов, посвященных Ахматовой, впервые возникла у составителей настоящего сборника более десяти лет тому назад, когда они обе учились в аспирантуре в Оксфорде и занимались творчеством Ахматовой и других поэтов начала двадцатого века. Антология была задумана как дань уважения тех, кто знал Ахматову лучше всех – поэтов, близких к ней в течение ее жизни и продолжавших развивать традиции русской поэзии после ее смерти.

Работа над антологией началась в 1980 году, и много материала было собрано у разных поэтов и в библиотеках Москвы и Ленинграда. Были использованы различные библиографические перечни стихов, посвященных Ахматовой, а также многие другие интересные материалы, которые появились во время празднования столетия со дня рождения Ахматовой в 1989 году. В июньском номере журнала «Звезда» было, например, напечатано несколько новых стихотворений, посвященных Ахматовой; вышли интересные подборки Н. А. Богомолова и И. Н. и М. Н. Баженовых в июньском номере «Литературного обозрения» и в майском номере «Полиграфии». Некоторые из этих стихов были впервые опубликованы по архивным источникам, и часть из них вошла в эту книгу.

Наиболее трудной задачей в составлении любой антологии является, безусловно, отбор материала. В настоящий сборник вошла только небольшая часть всех существующих текстов. В основном были выбраны стихи тех поэтов, которые либо знали Ахматову, либо посвящали ей свои стихотворения при ее жизни. Стихи с посвящением Ахматовой или с эпиграфом из ее произведений, но без внутренней связи с ее поэтическим миром, как правило, не включались.

Поэты располагаются в сборнике в хронологическом порядке по датам рождения. Таким образом, можно видеть развитие традиции писания стихов, посвященных Ахматовой, поэтами разных поколений. Сборник открывают поэты старшего поколения, такие как Сологуб и Кузмин, игравшие важную роль в ранние годы поэтического становления Ахматовой. Основное ядро сборника составляют стихи ее современников. Их обращения к ней отражают углубляющееся понимание ее места в русской поэзии. Однако в тридцатые и сороковые годы такие стихотворения становятся сравнительно редкими. Сборник завершают поэты следующего поколения – младшие друзья и ученики Ахматовой; в их стихах определяется значение творчества Ахматовой для них самих и для развития русской поэзии.

В первых стихах, посвященных Ахматовой, много внимания уделялось ее физическому облику и теме любви, преобладающей в ее ранней лирике. Позднее, по мере того, как разворачивался «настоящий двадцатый век», и в поэзии Ахматовой все больше звучали гражданские мотивы, к ней стали обращаться уже не просто как к поэту или к женщине, но как к поэту-пророку, которому суждено было сыграть определенную роль в истории и в судьбе России. Многие поэты, обращаясь в своих стихах к Ахматовой, как бы обращались к образу Музы русской поэзии; взывая к ее имени в годы ее вынужденного поэтического молчания, они утверждали свою приверженность тем ценностям и той поэтической традиции, которую она представляла, стараясь тем самым преодолеть разрыв между богатым прошлым и неясным будущим. Таким образом, стихи, посвященные Ахматовой, являются больше, чем разнородным собранием личных обращений к поэту: они представляют собой некоторую развивающуюся цепь размышлений над судьбой русской поэтической традиции на протяжении двадцатого века, платят дань ее все преодолевающей силе и выражают надежду на ее будущий расцвет.

Тот факт, что Ахматова сама на разных стадиях своей жизни специально собирала и хранила эти стихи, указывает на ту значимость, которую она им придавала. Хорошо известно, какое место в ее творчестве занимал образ зеркала и отражения в нем; в стихах, посвященных ей, она видела и распознавала отражение разных аспектов своей духовной личности и поэтической судьбы. Эти стихи стали частью ее внутреннего поэтического мира, о чем свидетельствует частота, с которой она вступала в стихотворные диалоги, либо завязывая их сама, либо отвечая на обращения к ней других поэтов.

В заключение я хотела бы выразить благодарность различным людям и организациям за их вклад в подготовку этой книги. С Ишей Тласти было положено начало работе над составлением сборника; Николай Богомолов щедро поделился своими знаниями и предложил много хорошего материала; Евгений Рейн любезно согласился написать вступительную статью.

Я очень признательна Университету Саррей и Британской Академии за их помощь и финансовую поддержку при составлении антологии. Я также благодарю сотрудников ГБЛ и Ольгу Шаталову за их тщательную работу по нахождению и проверке редких текстов. Я признательна ВААПу, издательствам Посев и YMCA-Press, и всем поэтам, которые дали свое согласие на использование разных стихотворений, охраняемых авторским правом (все библиографические данные приведены в примечаниях).

Памела Дэвидсон
University of Surrey   Июль 1990

ПРЕДИСЛОВИЕ

14 апреля 1942 года Николай Пунин из самаркандской больницы написал Анне Ахматовой: «Вы казались мне тогда - и сейчас тоже - высшим выражением Бессмертного, какое я только встречал в жизни».

Теперь четверть века спустя после смерти Ахматовой, когда изданы собрания стихов, воспоминания и комментарии, то или иное обличье этой мысли прижилось почти повсеместно.

Но так было не всегда, и я говорю не только о хулителях ахматовской поэзии. Даже преданным читателям Ахматовой виделся ее образ ограниченно, видоизмененно, и была только одна категория людей - это собратья по ремеслу, поэты, - которые задолго до канонизации начали возводить памятник Ахматовой. Памятник из слов, строк, строф.

Вот стихи людей, так много значивших в жизни Ахматовой: Гумилев, Блок, Кузмин, Недоброво, Сологуб, Анреп, Пастернак... Но тут же имена отдаленные, стихи, явившиеся данью быть может только заочного восхищения, литературной связи.

Однажды скромное подобие такой антологии уже попадало в читательский обиход. В 1925 году в Ленинграде Эрих Голлербах двумя изданиями (каждое по 50 экземпляров) выпустил тоненькую книжечку «Образ Ахматовой». В ней было 21 стихотворение четырнадцати поэтов, в том числе одно стихотворение самой Ахматовой.

Книга Памелы Дэвидсон и Иши Тласти составлена из более, чем ста стихотворений, причем даты последних перекрывают 5 марта 1966 года - день смерти Ахматовой.

Существует ли что-нибудь объединяющее столь разнородные имена, столь отдаленные даты? Что-либо, кроме самого посвящения? Мне кажется, что ответ содержится уже на первой странице сборника в стихотворении Федора Сологуба:

...И, вечным справедливым Фебом

Опять обласканная, ты ...

Ведь это - обращение к Музе, спутнице, соратнице Феба-Аполлона. И чем далее мы углубляемся в эту книгу, тем больше параллелей сологубовской строке.

«О, Муза плача!» - восклицает Марина Цветаева. «Я знал, что под руку иду с самою Музой», - повествует в своих белых ямбах Сергей Шервинский. Можно было бы привести и другие примеры... Но даже там, где нет явного прямого обращения к Музе, к мусикии, поэтическое иносказание ведет нас к нему. Потому что ведь блоковская строфа:

«Не страшна и не проста я;

Я не так страшна, чтоб просто

Убивать; не так проста я,

Чтоб не знать, как жизнь страшна» -

это речь от имени Музы, как бы ее собственный рассказ о себе.

Хронологически первое стихотворение сборника «Русалка» Гумилева написано, видимо, в 1905 году. В 1912 году Кузмин предварил своим словом первый сборник Ахматовой «Вечер». А в конце этой многолетней дуги, накануне столетнего юбилея Бродский, в чем-то повторяя Сологуба, именует в своем стихотворении дар Ахматовой вместилищем собственного голоса Бога. По существу, это та же концепция: Ахматова - земное воплощение Музы.

Нет большей разноголосицы, чем та, что царила в русском поэтическом хоре XX века. И вдруг - такая слитность, такое согласие в одном-единственном - в отношении к Ахматовой.

Что это? Только ли метафора, условность или прозрение? Не будем же мы так унижать поэзию, чтобы вовсе отказать ей в мистической чувствительности, в отзыве на неземные приметы.

Ну а кроме этого перед нами антология, вместившая почти все грани и направления столетнего пути русской литературы: зачинатели символизма, акмеисты, Хлебников, лефовский Асеев, советские поэты, и так до предтеч нового авангарда. По такому «геологическому» срезу можно не только проследить кристаллизацию и огранивание образа Ахматовой, погруженного в мадригалы и заклинания, но и реальный путь Анны Андреевны Ахматовой от «голубки и ворожеи» (М. Кузмин) до классического, почти забронзовевшего поэта, на глазах у нас уходящего и в легенду и в школьный учебник.

Книга, собранная Памелой Дэвидсон и Ишей Тласти, отличается от той стопки преподнесенных Ахматовой стихотворений, что сама она тщательно хранила долгие годы и подбирала в так называемой «Пестрой папке». А ведь это были годы обысков и арестов, войны, квартирных неурядиц, то есть самые неподходящие для архивного педантизма. И, все-таки, Ахматова сохранила «Пеструю папку».

В канун Нового 1966 года я навестил Анну Андреевну в Москве, в Боткинской больнице. Помню вьюжный зимний день, рождественские огни, вез я западные журналы, книги, фрукты, цветы и, кроме всего прочего, свое, ей посвященное стихотворение. Анна Андреевна тут же прочла его, и я услышал серьезную и тронувшую меня фразу, цитировать которую сейчас, мне кажется неуместно. Потом эта папка по нелепому и трагическому разделу ахматовских бумаг попала в Ленинградскую Публичную библиотеку, где находится и поныне. Мое стихотворение хронологически оказалось последним из того, что было посвящено Ахматовой при жизни. По сути дела, здесь проходит важнейшая граница поэтической ахматовианы, но трактовать ее в этих коротких заметках невозможно.

Несколько лет тому назад в Москве возник замысел издать «Пеструю папку» точно в том виде, как ее сложила Ахматова. Однако, видимо, это дело будущего. То, что вошло в настоящую книгу, открывает нам иные перспективы, более обширные, более профессиональные. Это воистину голос цеха поэтов. Конечно же, стихи, составившие эту книгу, и разнородны, и разнокачественны, и все-таки, неким чудесным образом (назовем это еще одним ахматовским чудом) все вместе они перенимают качество модели и прежде всего таинственность, глубину, благородство.

Евгений Рейн
Москва   9 сентября 1990

ФЕДОР СОЛОГУБ (1863-1927)

АННЕ АХМАТОВОЙ

Прекрасно все под нашим небом,
И камни гор, и нив цветы,
И, вечным справедливым Фебом
Опять обласканная, ты,

И это нежное волненье,
Как в пламени синайский куст,
Когда звучит стихотворенье,
Пчела над зыбким медом уст,

И кажется, что сердце вынет
Благочестивая жена
И милостиво нам подвинет,
Как чашу пьяного вина.

23 марта 1917

МИХАИЛ КУЗМИН (1872-1936)

А. Ахматовой

Залетною голубкой к нам слетела,
В кустах запела томно филомела,
Душа томилась вырваться из тела,
 Как узник из темницы.

Ворожея, жестоко точишь жало
Отравленного, тонкого кинжала!
Ход солнца ты б охотно задержала
 И блеск денницы.

Такою беззащитною пришла ты,
Из хрупкого стекла хранила латы,
Но в них дрожат, тревожны и крылаты,
 Зарницы.

1912

СЕРГЕЙ РАФАЛОВИЧ (1875-1943)

РАСКОЛОТОЕ ЗЕРКАЛО

Сплетя хулу с осанною,
С добром венчая зло,
В свое тысячегранное
Глядишься ты стекло.

Под частыми морщинами
Отсветного чела
Незримо, по змеиному,
Ты к тайне подошла.

Все крепкое, все гладкое
Неслышно расколов,
Ты нам даришь украдкою
Дразнящий свой улов.

Дроби же мир законченный
В осколки четких фраз,
Где зазвучит утонченно
Насмешливый рассказ.

И все, что жизнь исчерпала —
От злобы до любви —
В расколотое зеркало
Прими — и обнови.

СЕРГЕЙ ГЕДРОЙЦ (1876-1932)

ОТВЕТ АННЕ АХМАТОВОЙ

> Иль это ангел мне указал
> Свет невидимый для нас?
> *А. Ахматова*

Наказанье Божье – милость велия,
Пережить не каждому дано.
Ангел скорби, ангел ли веселия
Постучал в твое окно.

Ночь горела, как зарница дальняя,
Сердцем гнев Господень прияла
И по утру встала ты печальная,
Но его на помощь не звала.

Тот, не Божий, кто в себе уверенный
Без сомнений на пути идет.
Шаг его звенящий и размеренный,
Ярок взор и холоден, как лед.

За него молись, мольбой горячею
И проси пощады у Того,
Кто тебя страданьем сделал зрячею.
Ты не наша – ты Его.

ЮРИЙ ВЕРХОВСКИЙ (1878–1956)

ЭРИННА

Анне Ахматовой

Юноша
Знаешь, как сладостно, друг мой, в дождливый вечер зимою
Прялки жужжанье внимать, пальцев движенье следить
Девушки милой и нежной в знакомой хижине... Будто
Музыке внемлешь душой, пляскою взор веселишь...

Друг
Или движенью стиха отдаешься ты сердцем стучащим:
Деву – певицу любви – слышал на Лесбосе я;
Дивная пела любовь и с любовью свое веретенце:
Женских служений печать, светлая, красит чело.

Юноша
Словно желанья влюбленных, пленительно сладостна Сафо;
С прялкой вечернею в лад вдруг задрожавших сердец
Стройно б воспела она молодые, живые восторги!
Так; не ее ли сейчас ты, вспоминая, почтил?

Друг
Нет! Но мудрым урокам ее вверялась певица,
Чтоб возрасти и воспеть прялку свою – и любовь.
Пусть же, как ей, – веретенце тебе о любви напевает.
Песней – любовь говорит. Любишь, – так песне внемли.

ЮРИЙ ВЕРХОВСКИЙ

Анне Ахматовой

Как брызги пенные блистающей волны
Кипят могучею игрой глубинной мощи
И в шелесте листа таинственно слышны
Колеблемые ветром рощи, –

Так Божьего певца один простой запев,
Не ведая своей отчизны величавой,
От мира вышних сил на землю отлетев,
Нам дух поит хвалой и славой.

7/20/октября 1922

АЛЕКСАНДР БЛОК (1880–1921)

АННЕ АХМАТОВОЙ

«Красота страшна» – Вам скажут, –
Вы накинете лениво
Шаль испанскую на плечи,
Красный розан – в волосах.

«Красота проста» – Вам скажут, –
Пестрой шалью неумело
Вы укроете ребенка,
Красный розан – на полу.

Но, рассеянно внимая
Всем словам, кругом звучащим,
Вы задумаетесь грустно
И твердите про себя:

«Не страшна и не проста я;
Я не так страшна, чтоб просто
Убивать; не так проста я,
Чтоб не знать, как жизнь страшна».

16 декабря 1913

ВАСИЛИЙ КОМАРОВСКИЙ (1881-1914)

АННЕ АХМАТОВОЙ
(«Вечер» и «Четки»)

В полуночи, осыпанной золою,
В условии сердечной тесноты,
Над темною и серою землею
Ваш эвкалипт раскрыл свои цветы.

И утренней порой голубоокой
Тоской весны еще не крепкий ствол,
Он нежностью, исторгнутой жестоко,
Среди камней недоуменно цвел.

Вот славы день. Искусно или больно
Перед людьми разбито на куски,
И что взято рукою богомольно,
И что дано бесчувствием руки.

1914

БОРИС САДОВСКОЙ (1881–1952)

АННЕ АХМАТОВОЙ

К воспоминаньям пригвожденный
Бессонницей моих ночей,
Я вижу льдистый блеск очей
И яд улыбки принужденной:
В душе, до срока охлажденной,
Вскипает радостный ручей.

Поющим зовом возбужденный,
Я слышу томный плеск речей
(Так звон спасительных ключей
Внимает узник осужденный)
И при луне новорожденной
Вновь зажигаю шесть свечей.

И стих дрожит, тобой рожденный.
Он был моим, теперь ничей.
Через пространство двух ночей
Пускай летит он, осужденный
Ожить в улыбке принужденной,
Под ярким холодом очей.

1913

БОРИС САДОВСКОЙ

Прекрасен поздний час в собачьем душном крове,
Когда весь в фонарях чертог сиять готов,
Когда пред зеркалом Кузмин подводит брови,
И семенит рысцой к буфету Тиняков.
Прекрасен песий кров, когда шагнуло за ночь,
Когда Ахматова богиней входит в зал,
Потемкин пьет коньяк и Аледксандр Иваныч
О махайродусах Нагродской рассказал.
Но вот уж близок день, уж месяц бледноокий,
Как Конге, щурится под петушиный крик,
И шубы разроняв, склоняет Одинокий
Швейцару на плечо свой помертвелый лик.

< Зима 1913 >

НИКОЛАЙ НЕДОБРОВО (1882–1919)

Не напрасно вашу грудь и плечи
Кутал озорник в меха
И твердил заученные речи...
И его ль судьба плоха!
Он стяжал нетленье без раздумий,
В пору досадивши вам:
Ваша песнь – для заготовки мумий
Несравненнейший бальзам.

31 января 1914

НИКОЛАЙ НЕДОБРОВО

Законодательным скучая вздором,
Сквозь невниманье, ленью угнетен,
Как ровное жужжанье веретен,
Я слышал голоса за дряблым спором.

Но жир души не весь был заметен.
Три А я бережно чертил узором,
Пока трех черт удачным уговором
Вам в монограмму не был он сплетен.

Созвучье черт созвучьям музыкальным
Раскрыло дверь — и внешних звуков нет.
Ваш голос слышен в музыке планет ...
И здесь при всех, назло глазам нахальным,
Что Леонардо, я письмом зеркальным
Записываю спевшийся сонет.

16 февраля 1914

НИКОЛАЙ НЕДОБРОВО

С тобой в разлуке от твоих стихов
Я не могу душою оторваться.
Как мочь? В них пеньем не твоих ли слов
С тобой в разлуке можно упиваться?

Но лучше б мне и не слыхать о них!
Твоей душою словно птицей бьется
В моей груди у сердца каждый стих,
И голос твой у горла, ластясь, вьется.

Беспечной откровенности со мной
И близости – какое навожденье!
Но бреда этого вбирая зной,
Перекипает в ревность наслажденье.

Как ты звучишь в ответ на все сердца,
Ты душами, раскрывши губы, дышишь,
Ты, в приближенье каждого лица,
В своей крови свирелей пенье слышишь!

И скольких жизней голосом твоим
Искуплены ничтожество и мука ...
Теперь ты знаешь, чем я так томим? –
Ты, для меня не спевшая ни звука.

БОРИС АНРЕП (1883-1969)

Я позабыл слова и не сказал заклятья;
По деве немощной я, глупый, руки стлал,
Чтоб уберечь ее от чар и мук распятья,
Которые ей сам в знак нашей встречи дал.

13 февраля 1916

БОРИС АНРЕП

Ахматовой

Мне страшно, милая, узор забавных слов
В живую изгородь над нами разростется,
В трехсмысленной игре тугим узлом совьется:
Кокетства ваш прием остер и вечно нов.
Но как несносен он! Как грустно будет знать,
Что переплет листвы изящной пестротою
Скрывал простор лугов с их теплой простотою,
Деревню бедную, затопленную гать,
Березовый лесок за тихою рекою.

1916

БОРИС АНРЕП

ПРОШАНИЕ

А.А. Ахматовой

За верстами версты, где лес и луг,
Мечтам и песням завершенный круг,
Где ласковой руки прикосновенье
Дает прощальное благословенье.
Исходный день, конечная верста,
Прими мой дар священного креста.
Постой, продлись, верста! От устья рек
По морю уплывает человек.
Он слышит зов вдали: «Постой, постой!»
Но та мечта останется пустой,
Но не верста, что мерит вдохновенье
И слов мучительных чудотворенье.
Ты создаешь свои стихи со стоном,
Они наполнят мир небесным звоном.

1916

СЕРГЕЙ ГОРОДЕЦКИЙ (1884–1967)

Анне Ахматовой

В начале века профиль странный
(Истончен он и горделив)
Возник у лиры. Звук желанный
Раздался, остро воплотив

Обиды, горечь и смятенье
Сердец, видавших острие,
Где в неизбежном столкновенье
Два века бились за свое.

< 1912 >

ВЕЛИМИР ХЛЕБНИКОВ (1885-1922)

ПЕСНЬ СМУЩЕННОГО

На полотне из камней
Я черную хвою увидел.
Мне казалось, руки ее нет костяней,
Стучится в мой жизненный выдел.
Так рано? А странно: костяком
Прийти к вам вечерком
И, руку простирая длинную,
Наполнить созвездьем гостиную.

< конец 1913 >

ВЕЛИМИР ХЛЕБНИКОВ

ОДИНОКИЙ ЛИЦЕДЕЙ

И пока над Царским Селом
Лилось пенье и слезы Ахматовой,
Я, моток волшебницы разматывая,
Как сонный труп, влачился по пустыне,
Где умирала невозможность:
Усталый лицедей,
Шагая напролом.
А между тем курчавое чело
Подземного быка в пещерах темных
Кроваво чавкало и кушало людей
В дыму угроз нескромных.
И волей месяца окутан,
Как в сонный плащ вечерний странник,
Во сне над пропастями прыгал
И шел с утеса на утес.
Слепой я шел, пока
Меня свободы ветер двигал
И бил косым дождем.
И бычью голову я снял с могучих мяс и кости
И у стены поставил.
Как воин истины я ею потрясал над миром:
Смотрите, вот она!
Вот то курчавое чело, которому пылали раньше толпы!
И с ужасом
Я понял, что я никем не видим:

ВЕЛИМИР ХЛЕБНИКОВ

Что нужно сеять очи,
Что должен сеятель очей идти!

< Конец 1921 - начало 1922 >

НИКОЛАЙ ГУМИЛЕВ (1886 -1921)

РУСАЛКА

На русалке горит ожерелье
И рубины греховно-красны,
Это странно-печальные сны
Мирового, больного похмелья.
На русалке горит ожерелье
И рубины греховно-красны.

У русалки мерцающий взгляд,
Умирающий взгляд полуночи,
Он блестит, то длинней, то короче,
Когда ветры морские кричат.
У русалки чарующий взгляд,
У русалки печальные очи.

Я люблю ее, деву-ундину,
Озаренную тайной ночной,
Я люблю ее взгляд заревой
И горящие негой рубины...
Потому что я сам из пучины,
Из бездонной пучины морской.

<1904>

НИКОЛАЙ ГУМИЛЕВ

Аддис-Абеба, город роз.
На берегу ручьев прозрачных,
Небесный див тебя принес,
Алмазный, средь ущелий мрачных.

Армидин сад... Там пилигрим
Хранит обет любви неясной,
Мы все склоняемся пред ним,
А розы душны, розы красны.

Там смотрит в душу чей-то взор,
Отравы полный и обманов,
В садах высоких сикомор,
Аллеях сумрачных платанов.

< 1911 >

НИКОЛАЙ ГУМИЛЕВ

Ангел лег у края небосклона,
Наклонившись, удивлялся безднам:
Новый мир был синим и беззвездным,
Ад молчал, не слышалось ни стона.

Алой крови робкое биенье,
Хрупких рук испуг и содроганье,
Миру снов досталось в обладанье
Ангела святое отраженье.

Тесно в мире, пусть живет, мечтая
О любви, о свете и о тени,
В ужасе предвечном открывая
Азбуку своих же откровений.

< 1911 >

НИКОЛАЙ ГУМИЛЕВ

ИЗ ЛОГОВА ЗМИЕВА

Из логова змиева,
Из города Киева,
Я взял не жену, а колдунью.
А думал – забавницу,
Гадал – своенравницу,
Веселую птицу-певунью.

Покликаешь – морщится,
Обнимешь – топорщится,
А выйдет луна – затомится,
И смотрит, и стонет,
Как будто хоронит
Кого-то, – и хочет топиться.

Твержу ей: крещеному,
С тобой по-мудреному
Возиться теперь мне не в пору;
Снеси-ка истому ты
В днепровские омуты,
На грешную Лысую гору.

Молчит – только ежится,
И все ей неможется,
Мне жалко ее, виноватую,
Как птицу подбитую,
Березу подрытую
Над очастью, Богом заклятою.

НИКОЛАЙ ГУМИЛЕВ

ОНА

Я знаю женщину: молчанье,
Усталость горькая от слов,
Живет в таинственном мерцанье
Ее расширенных зрачков.

Ее душа открыта жадно
Лишь медной музыке стиха,
Пред жизнью дольней и отрадной
Высокомерна и глуха.

Неслышный и неторопливый,
Так странно плавен шаг ее,
Назвать нельзя ее красивой,
Но в ней все счастие мое.

Когда я жажду своеволий
И смел и горд – я к ней иду
Учиться мудрой сладкой боли
В ее истоме и бреду.

Она светла в часы томлений
И держит молнии в руке,
И четки сны ее, как тени
На райском огненном песке.

НИКОЛАЙ ГУМИЛЕВ

ОТРАВЛЕННЫЙ

«Ты совсем, ты совсем снеговая,
Как ты странно и страшно бледна!
Почему ты дрожишь, подавая
Мне стакан золотого вина?»

Отвернулась печальной и гибкой...
Что я знаю, то знаю давно,
Но я выпью, и выпью с улыбкой,
Все налитое ею вино.

А потом, когда свечи потушат
И кошмары придут на постель,
Те кошмары, что медленно душат,
Я смертельный почувствую хмель...

И приду к ней, скажу: «Дорогая,
Видел я удивительный сон,
Ах, мне снилась равнина без края
И совсем золотой небосклон.

Знай, я больше не буду жестоким,
Будь счастливой с кем хочешь, хоть с ним,
Я уеду, далеким, далеким,
Я не буду печальным и злым.

НИКОЛАЙ ГУМИЛЕВ

Мне из рая, прохладного рая,
Видны белые отсветы дня...
И мне сладко – не плачь, дорогая, –
Знать, что ты отравила меня».

АЛЕКСАНДР ТИНЯКОВ (1886-1934)

АННЕ АХМАТОВОЙ

Ты - изначально-утомленная,
Всегда бестрепетно-грустящая,
В себя безрадостно-влюбленная
И людям беспорывно-мстящая.

Но мне при встречах наших чудится,
Что не всегда ты будешь пленною,
Что сердце спящее пробудится
И хлынет в мир волною пенною.

Что принесет оно: твое страдание?
Иль радость, - страшную и небывалую?
Но я, - предчувствуя твое восстание, -
Тебя приветствую еще - усталую!

Сентябрь 1913
Петербург

ВЛАДИМИР ПЯСТ (1886–1940)

А. А-ой

...Здравствуй, желанная дочь
Славы, богини-властительницы!
В каждом кивке твоем – ночь
Жаждет луны победительницы, –
Славы любимая дочь!

Ночь. И сама ты – звезда,
Блеском луну затмевающая...
Вот ты зажглась навсегда!
Вот ты, на тверди мерцающая,
Огромная звезда!

Осень 1913

МИХАИЛ ЛОЗИНСКИЙ (1886-1955)

НЕ ЗАБЫВШАЯ

Анне Ахматовой

Еще свою я помню колыбель,
И ласково земное новоселье,
И тихих песен мимолетный хмель,
И жизни милой беглое веселье.

Я отдаюсь, как кроткому лучу,
Неярким дням моей страны родимой.
Я знаю – есть покой, и я хочу
Тебя любить и быть тобой любимой.

Но в душном сердце – дивно и темно,
И ужас в нем, и скорбь, и песнопенье,
И на губах, как темное пятно,
Холодных губ горит напечатленье,

И слух прибоем и стенаньем полн,
Как будто вновь, еще взглянуть не смея,
Я уношу от безутешных волн
Замученную голову Орфея.

1912

НИКОЛАЙ КЛЮЕВ (1887-1937)

«ПОСВ. ГУМИЛЕВОЙ»

Ржавым снегом – листопадом
Пруд и домик замело.
Под луны волшебным взглядом
Ты – как белое крыло.

Там, за садом, мир огромный,
В дымных тучах небосклон,
Здесь серебряные клены,
Чародейный, лунный сон.

По кустам досель кочуя,
Тень балкон заволокла.
Ветер с моря. Бурю чуя,
Крепнут белые крыла.

< Осень 1911 – 1912 >

НИКОЛАЙ КЛЮЕВ

....
Ахматова – жасминный куст,
Обложенный асфальтом серым,
Тропу утратила ль к пещерам,
Где Данте шел и воздух густ
И нимфа лен прядет хрустальный?
Средь русских женщин Анной дальней
Она как облачко сквозит
Вечерней проседью ракит!
....

< 1932-1933 >

ИГОРЬ СЕВЕРЯНИН (1887–1941)

СТИХИ АХМАТОВОЙ

Стихи Ахматовой считают
Хорошим тоном (comme il faut ...).
Позевывая, их читают,
Из них не помня ничего!..

«Не в них ли сердце современной
Запросной женщины?» – твердят
И с миной скуки сокровенной
Приводят несколько цитат.

Я не согласен, – я обижен
За современность: неужель
Настолько женский дух унижен,
Что в нудном плаче – самоцель?

Ведь, это ж Надсона повадка,
И не ему ль она близка?
Что за скрипучая «кроватка»!
Что за ползучая тоска!

Когда ж читает на эстраде
Она стихи, я сам не свой:
Как стилен в мертвом Петрограде
Ее высокопарный вой!..

ИГОРЬ СЕВЕРЯНИН

И так же тягостен для слуха
Поэт (как он зовется там?!)
Ах, вспомнил: «мраморная муха»*
И он же – Осип Мандельштам.

И если в Лохвицкой – «отсталость»,
«Цыганщина» есть «что-то», то
В Ахматовой ее «усталость»
Есть абсолютное ничто.

< 1918 >

---

*Честь этого обозначения принадлежит
кубо-футуристам. – *Примечание
И. Северянина.*

ИГОРЬ СЕВЕРЯНИН

АХМАТОВА

Послушница обители Любви
Молитвенно перебирает четки.
Осенней ясностью в ней чувства четки.
Удел – до святости непоправим.

Он, найденный, как сердцем ни зови,
Не будет с ней, в своей гордыне кроткий
И гордый в кротости, уплывший в лодке
Рекой из собственной ее крови...

Уж вечер. Белая взлетает стая.
У белых стен скорбит она, простая.
Кровь капает, как розы, изо рта.

Уже осталось крови в ней немного,
Но ей не жаль ее во имя Бога:
Ведь, розы крови – розы для креста...

1925

НИКОЛАЙ АСЕЕВ (1889-1963)

А.А. АХМАТОВОЙ

Не враг я тебе, не враг!
Мне даже подумать страх,
Что, к ветру речей строга,
Ты видишь во мне врага.
За этот высокий рост,
За этот суровый рот,
За то, что душа пряма
Твоя, как и ты сама,
За то, что верна рука,
Что речь глуха и легка,
Что там, где и надо б желчь, -
Стихов твоих сот тяжел.
За страшную жизнь твою.
За жизнь в ледяном краю,
Где смешаны блеск и мрак,
Не враг я тебе, не враг.

18 апреля 1924

БОРИС ПАСТЕРНАК (1890–1960)

АННЕ АХМАТОВОЙ

Мне кажется, я подберу слова,
Похожие на вашу первозданность.
А ошибусь, – мне это трын-трава,
Я все равно с ошибкой не расстанусь.

Я слышу мокрых кровель говорок,
Торцовых плит заглохшие эклоги.
Какой-то город, явный с первых строк,
Растет и отдается в каждом слоге.

Кругом весна, но за город нельзя.
Еще строга заказчица скупая.
Глаза шитьем за лампою слезя,
Горит заря, спины не разгибая.

Вдыхая даль ладожскую гладь,
Спешит к воде, смиряя сил упадок.
С таких гулянок ничего не взять.
Каналы пахнут затхлостью укладок.

По ним ныряет, как пустой орех,
Горячий ветер и колышет веки
Ветвей и звезд, и фонарей, и вех,
И с моста вдаль глядящей белошвейки.

БОРИС ПАСТЕРНАК

Бывает глаз по-разному остер,
По-разному бывает образ точен.
Но самой страшной крепости раствор –
Ночная даль под взглядом белой ночи.

Таким я вижу облик ваш и взгляд.
Он мне внушен не тем столбом из соли,
Которым вы пять лет тому назад
Испуг оглядки к рифме прикололи.

Но, исходив из ваших первых книг,
Где крепли прозы пристальной крупицы,
Он и во всех, как искры проводник,
События былью заставляет биться.

1928

ЕЛИЗАВЕТА ПОЛОНСКАЯ (1890-1969)

АННЕ АХМАТОВОЙ

Здесь пышностью былой империи воздвигнут
Дворец меж площадью военной и Невой.
И мост взлетает ввысь, дугой гранитной выгнут,
В просторном воздухе, над свежей синевой.

Простор и теснота. Гранитные канавы
Выгородили план, и в их простой кайме
Сияют сумраком сады минувшей славы
И мраморы живут в зеленой полутьме.

И муза здешних мест выходит из дворца.
Я узнаю ее негнувшиеся плечи,
И тонкие черты воспетого лица,
И челку до бровей, и шаг нечеловечий.

По гравию дорог, меж строгих плоскостей,
Проходит мраморной походкою летучей.
И я гляжу ей вслед, свидетельнице дней,
Под нерисованной, неповторимой тучей.

И я не смею повести с ней речь.
И долгий день проходит – как мгновенье,
И, жестким холодом моих касаясь плеч,
С Невы приходит ветер вдохновенья.

1926

ЕЛИЗАВЕТА ПОЛОНСКАЯ

АННЕ АХМАТОВОЙ

Мы Вас любили, мальчики и девочки,
Нам дорог был Ваш профиль горбоносый,
И все усмешечки, и все припевочки,
И юбка узкая, и шаль на косах.

Мы Вас любили, юную и гневную,
И подражать Вам иногда старались.
Вы нам казались свергнутой царевною,
Но от родной земли не отказались.

Солдатам на войне выходят жребии,
И гибнет витязь в одеянье барсовом,
Но, не печалясь о насущном хлебе, Вы
Своим путем шагали полем Марсовым,
В потертых туфельках, непокоримая,
Усталая, но все-таки державная.
Мы выросли, а Вы — всегда любимая
Стихов российских муза славная.

1965

ЮРИЙ НИКОЛЬСКИЙ (1891–1922)

АХМАТОВОЙ

Я не знаю – жива Ты, жива Ты
Или мучаешься в стихах?
Не забуду платок полосатый,
Горе тихое на губах.

И щемясь неведомой болью –
Вижу девочкин милый дом.
Бродишь Ты по степному раздолью,
Маки, красные маки кругом.

Поутру от теплой постели
Отворяла окно ветрам.
Там над морем вещее пели,
Где чернелся Господень храм.

Мужики по церквам молились,
Тосковал православный люд.
Белой девочке ангелы снились,
Жизнь – приютный ласточкин труд.

Не забуду платок полосатый,
Горе тихое на губах.
И не знаю, жива Ты, жива Ты
Или чудишься мне в стихах.

5 мая 1919

ВЛАДИМИР ШИЛЕЙКО (1891-1930)

Уста Любви истомлены,
Истончены ее уборы,
Ее безвинной пелены
Коснулись хищные и воры.

И больно видеть, что она
В пирах ликующего света
Глухим вином напоена
И ветхой ризою одета.

Поет и тлеет злая плоть.
Но знаю верой необманной:
Свою любимую Господь
Возвысит в день обетованный –

И над огнями суеты
Она взойдет стезей нестыдной,
Благословеннее звезды
В сиянье славы очевидной.

ВЛАДИМИР ШИЛЕЙКО

Живу мучительно и трудно,
и устаю, и пью вино;
но, посещен судьбиной чудной,
люблю, – сурово и давно.

И мнится мне – что, однодумный,
в подстерегающую тень
я унесу июльский день
и память женщины безумной.

< 1914-1916 >

ОСИП МАНДЕЛЬШТАМ (1891-1938)

Анне Ахматовой

Как Черный ангел на снегу,
Ты показалась мне сегодня,
И утаить я не могу,
Есть на тебе печать Господня.
Такая странная печать —
Как бы дарованная свыше —
Что, кажется, в церковной нише
Тебе назначено стоять.
Пускай нездешняя любовь
С любовью здешней будут слиты,
Пускай бушующая кровь
Не перейдет в твои ланиты
И пышный мрамор оттенит
Всю призрачность твоих лохмотий,
Всю наготу нежнейшей плоти,
Но не краснеющих ланит.

< Начало десятых годов >

ОСИП МАНДЕЛЬШТАМ

Вполоборота, о печаль,
На равнодушных поглядела.
Спадая с плеч, окаменела
Ложноклассическая шаль.

Зловещий голос – горький хмель –
Души расковывает недра:
Так – негодующая Федра –
Стояла некогда Рашель.

1914

ОСИП МАНДЕЛЬШТАМ

Анне Ахматовой

Черты лица искажены
Какой-то старческой улыбкой.
Ужели и гитане гибкой
Все муки Данта суждены?

1915

ОСИП МАНДЕЛЬШТАМ

КАССАНДРЕ

Я не искал в цветущие мгновенья
Твоих, Кассандра, губ, твоих, Кассандра, глаз,
Но в декабре торжественное бденье –
Воспоминанье мучит нас!

И в декабре семнадцатого года
Все потеряли мы, любя:
Один ограблен волею народа,
Другой ограбил сам себя ...

Когда-нибудь в столице шалой,
На скифском празднике, на берегу Невы,
При звуках омерзительного бала
Сорвут платок с прекрасной головы ...

Но, если эта жизнь – необходимость бреда,
И корабельный лес – высокие дома –
Лети, безрукая победа –
Гиперборейская чума!

На площади с броневиками
Я вижу человека: он
Волков горящими пугает головнями:
Свобода, равенство, закон!

< Декабрь 1917 >

ОСИП МАНДЕЛЬШТАМ

Твое чудесное произношенье –
Горячий посвист хищных птиц.
Скажу ль: живое впечатленье
Каких-то шелковых зарниц.

«Что» – голова отяжелела.
«Цо» – это я тебя зову!
И далеко прошелестело:
Я тоже на земле живу.

Пусть говорят: любовь крылата, –
Смерть окрыленнее стократ.
Еще душа борьбой объята,
А наши губы к ней летят.

И столько воздуха и шелка
И ветра в шепоте твоем,
И, как слепые, ночью долгой
Мы смесь бессолнечную пьем.

1918

НАТАЛИЯ ГРУШКО (1892-19??)

Анне Ахматовой

Как пустыня, ты мною печально любима,
Как пустыня, твоя беспощадна душа,
Ты стройна, словно струйка прозрачного дыма
    Гашиша.

Твои губы душистей смолы эвкалипта,
А улыбка на них – ядовитей змеи,
Улыбалася так лишь царевна Египта
    Ан-нэ-и.

Твои мысли нам, смертным, темны и неясны,
Их прочтут только в будущем – жрец или бог.
Я хочу умереть под стопою прекрасной
    Твоих ног.

1917

НАТАЛИЯ ГРУШКО

Птица Гриф с глазами Мадонны,
Только тобой я живу,
Ты сошла с византийской иконы
В моем сне на-яву.

Ах, никогда, никогда не забуду,
Разве мысли мои сгорят,
Это великое Божье чудо –
Твой взгляд.

Май 1917

МАРИНА ЦВЕТАЕВА (1892-1941)

АННЕ АХМАТОВОЙ

Узкий, нерусский стан –
Над фолиантами.
Шаль из турецких стран
Пала, как мантия.

Вас передашь одной
Ломанной черной линией.
Холод – в веселье, зной –
В Вашем унынии.

Вся Ваша жизнь – озноб,
И завершится – чем она?
Облачный – темен – лоб
Юного демона.

Каждого из земных
Вам заиграть – безделица!
И безоружный стих
В сердце нам целится.

В утренний сонный час, –
Кажется, четверть пятого, –
Я полюбила Вас,
Анна Ахматова.

11 февраля 1915

МАРИНА ЦВЕТАЕВА

ИЗ СТИХОВ К АХМАТОВОЙ

О, Муза плача, прекраснейшая из муз!
О ты, шальное исчадие ночи белой!
Ты черную насылаешь метель на Русь,
И вопли твои вонзаются в нас, как стрелы.

И мы шарахаемся и глухое: ох! –
Стотысячное – тебе присягает: Анна
Ахматова! Это имя – огромный вздох,
И в глубь он падает, которая безымянна.

Мы коронованы тем, что одну с тобой
Мы землю топчем, что небо над нами – то же!
И тот, кто ранен смертельной твоей судьбой,
Уже бессмертным на смертное сходит ложе.

В певучем граде моем купола горят,
И Спаса светлого славит слепец бродячий...
И я дарю тебе свой колокольный град,
– Ахматова! – и сердце свое в придачу.

19 июня 1916

МАРИНА ЦВЕТАЕВА

ИЗ СТИХОВ К АХМАТОВОЙ

Соревнования короста
В нас не осилила родства.
И поделили мы так просто:
Твой – Петербург, моя Москва.

Блаженно так и бескорыстно
Мой гений твоему внимал.
На каждый вдох твой рукописный
Дыхания вздымался вал.

Но вал моей гордыни польской –
Как пал он! – С златозарных гор
Мои стихи – как добровольцы
К тебе стекались под шатер.

Дойдет ли в пустоте эфира
Моя лирическая лесть?
И безутешна я,
Что женской лиры
Одной мне тягу несть.

30 августа 1921

МАРИНА ЦВЕТАЕВА

АХМАТОВОЙ

Кем полосынька твоя
Нынче выжнется?
Чернокосынька моя!
Чернокнижница!

Дни полночные твои,
Век твой таборный...
Все работнички твои
Разом забраны.

Где сподручники твои,
Те сподвижнички?
Белрученька моя,
Чернокнижница!

Не загладить тех могил
Слезой, славою.
Один заживо ходил –
Как удавленный.

Другой к стеночке пошел
Искать прибыли.
(И гордец же был-сокол!)
Разом выбыли.

МАРИНА ЦВЕТАЕВА

Высоко твои братья!
Не докличешься!
Яснооконька моя,
Чернокнижница!

А из тучи-то (хвала –
Диво дивное!)
Соколиная стрела,
Голубиная...

Знать, в два перышка тебе
Пишут тамотка,
Знать, уж в скорости тебе
Выйдет грамотка:

– Будет крылышки трепать
О булыжники!
Чернокрылонька моя!
Чернокнижница!

16 декабря 1921

КОНСТАНТИН МОЧУЛЬСКИЙ (1892-1948)

Своей любовию не запятнаю,
Не затуманю ясности твоей,
Снежинкою у ног твоих растаю,
Чтоб ты была спокойней и светлей.

В твоих глазах я не оставлю даже
Неуловимого воспоминанья.
Когда умру, Господь мне, верно, скажет,
Кому нужны были мои страданья.

Ни жизнь моя тебя не потревожит,
Ни смерть моя тебя не огорчит,
Но сладко верить, что на смертном ложе
Твой милый образ душу посетит.

21 марта 1917

СЕРГЕЙ ШЕРВИНСКИЙ (р.1892)

АННЕ АХМАТОВОЙ

Я плыл Эгейским морем. Вдалеке
Зарозовел у берегов азийских
Мусический и грешный остров Сафо.
Кто ей внимал? – пять-десять учениц;
Немногим боле – граждан митиленских.
Пределом песен пенный был прибой.
Различны судьбы: ныне вся земля,
Многоравнинна, многоокеанна,
Лелеет имя сладостное – Анна.

Мне радостно, что в годы личных бед
И превратностей судьбы мог я доставить
Недели тишины в моих Старках,
Отторгнутых потом по воле века.
Лета стояли знойные, но дом
Бывал прохладен и прохладен сад.
На каменной террасе, окаймленной
Чугунными решетками, случалось,
Мы накрывали вместе чайный стол, –
Я снимок берегу, где профиль ваш
Соседствует с семейным самоваром.
Я вам носил подушки на гамак, –
Читали вы подолгу, и никто
Смутить не смел уединенья гостьи.
Мы в сумерки бродили вдоль реки,
Беседуя о всяческом. Я знал,

СЕРГЕЙ ШЕРВИНСКИЙ

Что под руку иду с самою Музой.
Вы едете — о том шумит молва —
В Италию принять дары признанья, —
Уже давно там лавры заждались.
Когда венчал Петрарку вечный Рим,
То честь была взаимная обоим.

<1964?>

ГЕОРГИЙ ШЕНГЕЛИ (1894–1956)

АННЕ АХМАТОВОЙ

Вам снился Блок, и молодость, и море,
И яхты легкой легкие крыла,
И Вы толчок ей дали – и в просторе
Она бесповоротно поплыла...
И грусть я видел в сером Вашем взоре,
Внимая Вам у чайного стола.

Я знаю сам двумерный, силуэтный
Мир сновидений, где неведом путь,
Где даже мертвых голоса приветны,
А чудеса нас не дивят ничуть...
И, вправду, жаль в угрюмый час рассветный
С плеч этот плен как пену отряхнуть.

1951

ГЕОРГИЙ ИВАНОВ (1894-1958)

Январский день. На берегу Невы
Несется ветер, разрушеньем вея...
Где Олечка Судейкина, увы,
Ахматова, Паллада, Саломея.
Все, кто блистал в тринадцатом году,
Лишь призраки на петербургском льду...

Вновь соловьи засвищут в тополях
И, на закате, в Павловске иль Царском,
Пройдет другая дама в соболях,
Другой влюбленный в ментике гусарском,
Но Всеволода Князева они
Не вспомнят в дорогой ему тени!

1922

ГЕОРГИЙ ИВАНОВ

В пышном доме графа Зубова
О блаженстве, о Италии
Тенор пел. С румяных губ его
Звуки, тая, улетали и

За окном шумя полозьями,
Пешеходами, трамваями,
Гаснул, как в туманном озере,
Петербург незабываемый.

...Абажур зажегся матово
В голубой, овальной комнате.
Нежно гладя пса лохматого,
Предсказала мне Ахматова:
– «Этот вечер вы запомните».

ГЕОРГИЙ АДАМОВИЧ (1894-1972)

АННЕ АХМАТОВОЙ

По утрам свободный и верный,
Колдовства ненавижу твои,
Голубую от дыма таверну
И томительные стихи.
Вот пришла, вошла на эстраду,
Незнакомые пела слова,
И у всех от мутного яда
Отуманилась голова.
Будто мы, изнуренные скукой,
Задохнувшись в дымной пыли,
На тупую и стыдную муку
Богородицу привели.

1914

ГЕОРГИЙ АДАМОВИЧ

Анне Ахматовой

Так беспощаден вечный договор!
И птицы, и леса остались дики,
И облака, – весь незапевший хор
О гибели, о славе Эвридики.

Так дни любви обещанной прошли!
Проходят дни и темного забвенья.
Уже вакханок слышится вдали
Тяжелое и радостное пенье.

И верности пред смертью не тая,
Покинутый, и раненый, и пленный,
Я вижу Елисейские поля,
Смущенные душою неблаженной.

ВЕРА ЗВЯГИНЦЕВА (1894-1972)

АННЕ АХМАТОВОЙ

Наше дело - последнюю кровь в рубины
Милому на наряд.
А на свете так: на крик лебединый
Змеи в траве шипят.

Но в униженье (превыше трона)
Бескровные губы славу поют.
Вновь утверждаем земным законом:
«Аще кто душу положит свою» ...

ВЕРА ЗВЯГИНЦЕВА

ИЗ ЦИКЛА «АННЕ АХМАТОВОЙ»

И когда настали дни такие,
Что на солнце легче посмотреть
Человеку, чем в глаза людские,
И легчайшим словом стало: «смерть»,
В смерче дух повеял кипарисный,
Женский голос окликает Русь:
«Так да будет ныне, так и присно,
Плачу, верую, молюсь.
Юродивым стало слово: «чудо».
Гефсимания давно пуста,
Но целую каждого Иуду
В темные холодные уста.
И Иуда станет Иоанном,
И, рассыпясь горсткой серебра,
Прозвенит извечное «Осанна»
И по слову двинется гора».

Горлинка стучит в чужие стекла,
Левое крыло у ней в крови,
От окна к окну уже далеко...
       Горлинка... живи!

< 1922 >

ЭРИХ ГОЛЛЕРБАХ (1895-1942)

АННА АХМАТОВА

Безмолвие. Глубокая безгласность.
Едва заметное движенье губ.

    Мир, погруженный в суету и страстность,
    Как лава сер, как изверженье груб.

Но в этом раскаленном океане
Есть остров, где золотоглавый скит

    На облаков разорванные ткани
    Крестами многодумными глядит.

В скиту живет подвижница-блудница:
Печален взор застывших синих глаз...

    Мне этот взор весною часто снится,
    Как повесть, читанная много раз.

Иконописно — скованы движенья,
Но хищный профиль дерзок и остер.

    Как душен дым церковного кажденья!..
    Как вешний соблазнителен простор!..

Суровы очи ликов пожелтелых
В колеблющемся отсвете свечей.

ЭРИХ ГОЛЛЕРБАХ

Зачем же в сердце вьется стая белых,
Воркующих, влюбленных голубей?..

Рукой сухой, рукою восковою
Пергаментный раскрыт молитвослов ...

Ах, где-то есть за далью голубою
Плеск музыки, дыхание цветов.

У пояса – оливковые четки,
И вместо челки – сумрачный клобук.

– О если бы в крылатой утлой лодке
Уплыть из плена благолепных мук!

———

Она умрет в прозрачный день осенний,
В тот янтареющий, медвяный час,
Когда луг солнца в алтаре Успенья
Позолотит резной иконостас.

И перед смертью оттолкнет причастье,
И медленно взлетит к Престолу Сил,
Поцеловав в последний миг запястье,
Которое ей милый подарил.

1921

ЭРИХ ГОЛЛЕРБАХ

День прозрачен и тих. За окном голубая Нева
Величаво влачит мутноватые плоские волны.
Я едва вспоминаю спокойные Ваши слова,
Я едва вспоминаю, печалью и нежностью полный.

Как укор бытию, неотступно глядят со стены
Потемневших икон утомленно-суровые очи.
Здесь над всеми словами расстелен покров тишины
И застывшее Время не может взлететь и не хочет.

Так и я — ни понять, ни осилить того не могу,
Что отныне вплелось между явью и снами моими.
Мой далекий двойник, где-то там, на другом берегу,
Без конца повторяет короткое, звучное имя.

16 сентября 1924

АЛЕКСАНДР БЕЛЕНСОН (1895-1949)

ОТВЕТ АННЕ АХМАТОВОЙ

Суров сей век и тягостен без меры –
Век не последних битв и не бесплодных ран,
Мы бродим в городах покинутых, без веры,
А в пустоте небес кружит аэроплан.

Обречены незнанью и неволе,
В чаду названий мы забыли имена
И странно ли, что солнце не восходит боле
В такие времена!

Но дни прейдут, закону следуя земному,
И может быть, поэт в непонятых стихах
Расскажет по-иному
О веке, ставшем притчею в веках.

Да, много язв на нас, но всех других чернее
Та, что скрывает свет из века в век.
Мы все равны, уже рождаясь с нею,
И сам себе целитель каждый человек.

ЕЛЕНА ТАГЕР (1895-1964)

Синеглазая женщина входит походкой царицы.
Открываются окна. Горит на закате река.
По вечернему воздуху белая стая стремится,
А она неподвижна. И четки сжимает рука.

Это - Анна Ахматова. Старшая в хоре пророчиц.
Та, что в песенный мед претворила полынные дни.
Псалмопевицу Божью посмеет-ли кто опорочить?
Ей певучие пчелы и плавные птицы сродни.

Пред очами ее - вереница волшебных видений.
Под бессонной луной Голубой распустился Цветок.
За плечами ее - величаво колеблются тени:
Отсверкал Гумилев и уходит в безмолвие Блок.

Золотые стихи! О, стихами повитое детство!
О, ритмический ветер, качавший мою колыбель!
Для кичливых льстецов - позолоты грошевое средство,
Для правдивых певцов - осиянная звездная цель.

Колыма, 1946, осень

ВСЕВОЛОД РОЖДЕСТВЕНСКИЙ (1895-1977)

АННЕ АХМАТОВОЙ

Да, честь и радостная твердость
Не нашей суждены судьбе;
Нам бедная осталась гордость –
Быть верными самим себе.

Бесстрастно вслушиваться в речи
Уже насмешливых обид,
И отойти, как тают свечи
В чаду последних панихид.

1917

ВСЕВОЛОД РОЖДЕСТВЕНСКИЙ

В АЛЬБОМ АХМАТОВОЙ

Рвет струну горячий ветер бед,
Паруса в широком лирном строе,
Женщине на торжище побед
Душно петь в испепеленной Трое.

И закрыв прекрасное лицо,
Сквозь глухую ткань, под ропот пены
Заклинает, горькая, кольцо
Смертоносным именем Елены.

1922

НАДЕЖДА ПАВЛОВИЧ (1895-1980)

АННА АХМАТОВА

1

Нет лиры, пояска, сандалий...
Последний свет косых лучей...
Но мы любя ее встречали,
Как музу юности своей.

О ней мне говорили бабы
В лесном глухом углу тверском:
«Она была больной и слабой,
Бродила часто за селом,

Невнятно бормотала что-то
Да косу темную плела,
И видно, тайная забота
Ее до косточек прожгла...»

Мы познакомились в двадцатом,
Навек мне памятном году,
В пустынном, ветреном, крылатом,
Моем раю, моем аду.

Двор шереметевский обширный
Был обнажен, суров и пуст,
И стих, как дальний рокот лирный,
Слетал с ее печальных уст.

НАДЕЖДА ПАВЛОВИЧ

И, равнодушно-величава,
Проста среди простых людей,
Она, как шаль, носила славу
В прекрасной гордости своей.

2
ЕЕ ПАМЯТИ

О, эти легкие следы
На мостовой торцовой,
И бег Невы, и блеск воды
Серебряно-лиловой.

И голоса виолончель,
И глаз ее мерцанье.
Стихов неповторимый хмель,
Как с жизнью расставанье!

Поэзия! Она была
Подругою твоею...
Не ты ль сама за гробом шла
И плакала над нею!

ДМИТРИЙ ЯКУБОВИЧ (1897–1940)

В день Веры, Надежды и Любви,
Смущенный и солнцем залитый,
Сидел, как во сне я, vis-à-vis
С поэтессою знаменитой.
    Блуждая по странам золотым,
    По сказочным генералифам,
    Зашла она чудом и к книгам моим,
    Ведомая сказкой-мифом.
Я с ней разговаривал наобум ...
(Глаза ее были строги)
Об Ибрагиме-ибн-Абу,
Египетском астрологе.
    Она не узнает – ну что ж, и пусть! –
    Что скрыт в ученом художник,
    Который твердил с утра наизусть
    Душистый ее «Подорожник».

< 1933 >

ЕЛЕНА ДАНЬКО (1898–1942)

Не за то ль, что сердце человечье
Высоко над злобой вознесла,
Что в края веселые далече
Из страны родимой не ушла,
Не за то ль, что песни ты слагала,
Нищете и кротости верна,
Что Господне имя повторяла,
Ты теперь глумленью предана?
Горе тем, кто в узеньком оконце
До утра лампаду не тушил,
Кто стихов чеканные червонцы
Не сменял на стертые гроши!

СЕРГЕЙ СПАССКИЙ (1898-1956)

АННЕ АХМАТОВОЙ

1

Ваш образ так оформлен славой,
Так ею властно завершен,
Что стал загадкою, забавой,
Навязчивой легендой он.
Им всё обозначают: нежность
И вздохи совести ночной,
Нелегкой смерти неизбежность
И зори северной весной,
Влюбленности глухую смуту
И ревности кромешный дым,
И счастья праздную минуту,
И боль от расставанья с ним.
Я тоже, следуя за всеми,
Привычно удивляюсь вам,
Как шумановской грозной теме
Иль Данта знающим словам.
Но вдруг, на время прозревая,
Так радостно припомнить мне –
Вы здесь, вы женщина живая,
И что вам в нашей болтовне.
И мысль тогда всего дороже
Не о звезде, не о цветке,
Но та, что все же будет прожит
Мой век от вас невдалеке.

СЕРГЕЙ СПАССКИЙ

2

Толпятся густо завтрашние трупы
На улицах в плену дневных трудов.
На небе воют бомбовозов трубы.
Хрустя, крошатся кости городов.
И пыль Европы слоем светлой марли
Застлала солнце.
                Загрустив на миг,
Склонясь над щебнем, тростью тронет Чарли
Ребенка тельце, тряпку, клочья книг.
Подобно торсам безымянных статуй,
Мир оголен, без рук, без головы.
И это называется расплатой?
Превышен долг...
Бредем и я, и вы...
Присядем у пригорка на распутьи,
Разломим хлеб. Кому отдать его?
– Земля, воскресни ... – Тише, мы не судьи,
Мы – память века. Только и всего.

1941

АЛЕКСАНДР ГАТОВ (1899-1972)

Маленький томик Ахматовой
Ласков и просто красив.
Старый, но милый мотив –
В мире Влюбленности матовой.
Нежное кружево фраз,
Ласка задумчивых глаз –
Маленький томик Ахматовой!

АНДРЕЙ СКОРБНЫЙ (1902-1977)

Анне Ахматовой

Захлебнулась снегом дорога,
Утонувшая в серебре.
Я как нищий стоял у порога
У порога Ее дверей.

Я не смел назад оглянуться,
Пробираясь к Ней по ночам.
Я не смел рукою коснуться
Почерневшей стали ключа.

Только молча думал: быть может
Распахнется тяжкая дверь.
А из тьмы моих бездорожий
Выползала Черная Смерть.

ЕЛЕНА БЛАГИНИНА (1903-1989)

КОМАРОВО

Как живется, затворница,
На том берегу?
Хороша ль твоя горница
В последнем снегу?

Может, елки не ластятся
Иль не желты пески?
Иль земное злосчастьице
Память рвет на куски?

Иль в небесной хоромине
Ты светла и легка ...

И течет «Anno Domini»
Над тобой, как река.

ТАТЬЯНА ГНЕДИЧ (1907-1976)

> Почему же нам стало светло?..
> *А. Ахматова*

Она молчит, венчанная Камена,
Торжественно, кощунственно мертва.
Закинута упрямо и надменно
Тяжелая седая голова.
Страницы славы и страницы плена –
Всё суета, всё праздные слова.
Одна любовь пребудет неизменно.
Одна любовь крылата и жива.

Большая жизнь усталой темной тучей,
Печалью, болью, скорбью неминучей
Легла вдали, где светится черта
Последнего весеннего заката,
Замкнувшая велением адата
Пророчицы усталые уста.

1966

ВАРЛАМ ШАЛАМОВ (1907-1982)

ПАМЯТИ АННЫ АХМАТОВОЙ

Труп еще называется телом, –
В лексиконе, доступном для нас,
Там, где люди в казенном и белом,
С неземным выражением глаз...

Трое суток старухой бездомной
Ты валялась в мертвецкой – и вот
Поднимаешься в синий, огромный,
Отступающий небосвод.

Распахнут подземелье столетья,
Остановится время – пора
Выдавать этой шахтною клетью
Всю добычу судьбы – на-гора.

И чистилища рефрижератор,
Подготовивший тело в полет, –
Это Пушкинский будто театр,
Навсегда замурованный в лед.

Вот последнее снаряженье:
Мятый ситцевый старый халат –
Чтоб ее не стеснились движенья,
В час прибытия в рай или ад.

ВАРЛАМ ШАЛАМОВ

И обряд похоронного чина,
И нарушить обряда не сметь,
Чтобы смерть называлась кончина,
А не просто обычная смерть.

И нужна ли кончина поэту,
Заказных панихид говорок,
Заглушающий выкрики света
От обугленных заживо строк.

Трое суток старухой бездомной
Ты валялась в мертвецкой – и вот
Поднимаешься в синий, огромный,
Ускользающий небосвод.

АРСЕНИЙ ТАРКОВСКИЙ (1907-1989)

Стелил я снежную постель,
Луга и рощи обезглавил,
К твоим ногам прильнуть заставил
Сладчайший лавр, горчайший хмель.

Но марта не сменил апрель
На страже росписей и правил.
Я памятник тебе поставил
На самой слезной из земель.

Под небом северным стою
Пред белой, бедной, непокорной
Твоею высотою горной

И сам себя не узнаю,
Один, один в рубахе черной
В твоем грядущем, как в раю.

АРСЕНИЙ ТАРКОВСКИЙ

Когда у Николы Морского
Лежала в цветах нищета,
Смиренное чуждое слово
Светилось темно и сурово
На воске державного рта.

Но смысл его был непонятен,
А если понять – не сберечь,
И был он, как небыль, невнятен
И разве что – в трепете пятен
Вокруг оплывающих свеч.

И тень бездомовной гордыни
По черному Невскому льду,
По снежной Балтийской пустыне
И по Адриатике синей
Летела у всех на виду.

АРСЕНИЙ ТАРКОВСКИЙ

Домой, домой, домой,
Под сосны в Комарове...
О, смертный ангел мой
С венками в изголовье,
В косынке кружевной,
С крылами наготове!

Как для деревьев снег,
Так для земли не бремя
Открытый твой ковчег,
Плывущий перед всеми
В твой двадцать первый век,
Из времени во время.

Последний луч несла
Зима над головою,
Как первый взмах крыла
Из-под карельской хвои,
И звезды ночь зажгла
Над снежной синевою.

И мы тебе всю ночь
Бессмертье обещали,
Просили нам помочь
Покинуть дом печали,
Всю ночь, всю ночь, всю ночь.
И снова ночь в начале.

АРСЕНИЙ ТАРКОВСКИЙ

По́ льду, по́ снегу, по жасмину,
На ладони, снега бледней,
Унесла в свою домовину
Половину души, половину
Лучшей песни, спетой о ней.

Похвалам земным не доверясь,
Довершив земной полукруг,
Полупризнанная, как ересь,
Через полог морозный, через
Вихри света –

              смотрит на юг.

Что же видят незримые взоры
Недоверчивых светлых глаз?
Раздвигающиеся створы
Верст и зим иль костер, который
Заключает в объятья нас?

АРСЕНИЙ ТАРКОВСКИЙ

И эту тень я проводил в дорогу
Последнюю – к последнему порогу,
И два крыла у тени за спиной,
Как два луча, померкли понемногу.

И год прошел по кругу стороной.
Зима трубит из просеки лесной.
Нестройным звоном отвечает рогу
Карельских сосен морок слюдяной.

Что, если память вне земных условий
Бессильна день восстановить в ночи?
Что, если тень, покинув землю, в слове
Не пьет бессмертья?
                    Сердце, замолчи,
Не лги, глотни еще немного крови,
Благослови рассветные лучи.

МАРИЯ ПЕТРОВЫХ (1908-1979)

Анне Ахматовой

День изо дня и год из года
Твоя жестокая судьба
Была судьбой всего народа.
Твой дивный дар, твоя волшба
Бессильны были бы иначе.
Но ты и слышащей и зрячей
Прошла сквозь чащу мертвых лир,
И Тютчев говорит впервые:
Блажен, кто посетил сей мир
В его минуты роковые.

1962
Комарово

МАРИЯ ПЕТРОВЫХ

Анне Ахматовой

Ты сама себе держава,
Ты сама себе закон,
Ты на все имеешь право,
Ни за кем нейдешь вдогон.
Прозорлива и горда
И чужда любых иллюзий ...
Лишь твоей могучей музе
По плечу твоя беда,
И - наследственный гербовник -
Царскосельский твой шиповник
Не увянет никогда.

1963

МАРИЯ ПЕТРОВЫХ

Ни ахматовской кротости,
Ни цветаевской ярости -
Поначалу от робости,
А позднее от старости.

Не напрасно ли прожито
Столько лет в этой местности?
Кто же все-таки, кто же ты?
Отзовись из безвестности!..

О, как сердце отравлено
Немотой многолетнею!
Что же будет оставлено
В ту минуту последнюю?

Лишь начало мелодии,
Лишь мотив обещания,
Лишь мученье бесплодия,
Лишь позор обнищания.

Лишь тростник заколышется
Тем напевом чуть начатым ...
Пусть кому-то послышится,
Как поет он, как плачет он.

1967

МАРИЯ ПЕТРОВЫХ

БОЛЕЗНЬ

О как хорошо, как тихо,
Как славно, что я одна.
И шум и неразбериха
Ушли, и пришла тишина.
Но в сердце виденья теснятся,
И надобно в них разобраться
Теперь, до последнего сна.
Я знаю, что не успеть.
Я знаю – напрасно стараться
Сказать обо всем даже вкратце,
Но душу мне некуда деть.
Нет сил. Я больна. Я в жару.
Как знать, может нынче умру...
Одно мне успеть, одно бы –
Без этого как умереть? –
Об Анне... Но жар, но ознобы,
И поздно. Прости меня. Встреть.

1970

МАРИЯ ПЕТРОВЫХ

> Непоправимо-белая страница
> *Анна Ахматова*

Пустыня ... Замело следы
Кружение песка.
Предсмертный хрип: «Воды, воды ...»
И – ни глотка.
В степных снегах буран завыл,
Летит со всех сторон,
Предсмертный хрип: «Не стало сил...» –
Пургою заметен.
Пустыни зной, метели свист,
И вдруг – жилье во мгле.
Но вот смертельно белый лист
На письменном столе...

< 1971 >

ВЛАДИМИР ОРЛОВ (1908-1985)

АХМАТОВА

ТЕТРАПТИХ

1

(К портрету)

Перелистав знакомые страницы,
Оцепенело загляделась вдаль.
Приподняты тяжелые ресницы.
В сухих глазах - библейская печаль.

Так что ж: расторгнув все земные узы,
В грядущий мрак заглядываешь ты?
Иль снова голос Царскосельской Музы
Смутил покой давнишней немоты?

1925

2

Здесь жизнь стиха, а в ней - судьба искусства.
Слова поэта суть его дела.
Пробившись сквозь лирическое чувство,
В ее стихи история вошла
И, разбросавши прошлого обломки,
Заговорила глухо, не спеша,
И, может быть, далекие потомки
Поймут, узнав чужой души потемки,
О чем сказала голосом негромким
Строптивая и гордая душа.

ВЛАДИМИР ОРЛОВ

Стихи живут. Пусть по миру влачат их!
Они шумят, как крылья вольных птиц, —
В избытке сил, быть может, непочатых,
В игре страстей — без правил и границ ...
Трудны пути. Опасны переправы.
И голос Музы хрипнет на ветру ...

А подвиг стоит этой черной славы,
И смерть красна — не только на миру!

Август 1946

3

Словно лик иконы чудотворной,
От лампад и свеч почти что черный,
Вижу строгое твое лицо —
Знаменитый профиль горбоносый,
И платок, и руку с папиросой,
И на пальце крупное кольцо.

Ты — такая. И другой — не надо!
Над тобою ночи Ленинграда
Елевзинский водят хоровод.
Полстолетья!.. Только даты стерты:
Не узнаешь — шестьдесят четвертый
Или девятьсот девятый год?

Нет, она тебя не подкосила,
Молодая песенная сила!
Так еще сердца разбереди!

ВЛАДИМИР ОРЛОВ

Ничего, что жить уже немного:
За казенной ложью некролога
Есть еще бессмертье впереди.

1964
Елагин остров

4

Ни хулы, ни лавров Таормины,
Никого – ни друга, ни врага.
Только – тесный ящик домовины,
Только – комаровские снега.

Павшая в неравном поединке,
Ото всех испившая отрав,
Спит старушка в кружевной косынке,
Все земное смертию поправ.

9 октября 1966
Комарово

АЛЕКСАНДР ГИТОВИЧ (1909-1966)

ПАМЯТИ АННЫ АХМАТОВОЙ

Дружите с теми, кто моложе вас, –
А то устанет сердце от потерь,
Устанет бедный разум, каждый раз
В зловещую заглядывая дверь,
Уныло думать на пороге тьмы,
Что фильм окончен и погас экран,
И зрители расходятся – а мы
Ожесточаемся от новых ран.

1966

ВЛАДИМИР АДМОНИ (р.1909)

За то, что мучительных лет вереница
Нанизана Вами на строгую нить,
За то, что Вы с Дантом решились сравниться
И, смерти отведав, умеете жить,

За то, что шумят липы Пушкинских парков
В поэзии русской и в наши года,
За царскую щедрость крылатых подарков
Труд нежный Ваш благословен навсегда.

1939

ВЛАДИМИР АДМОНИ

Это, верно, одно из чудес,
Что живым стало мне Ваше имя.
Что, отправившись наперерез,
Мы совпали путями своими.

И в отсеке тридцатых годов,
И над чуждыми маками юга,
И под сенью сосновых лесов –
Мы везде узнавали друг друга.

Верно, встретимся мы поутру
Даже самого главного лета.
А когда я и вправду умру,
Я и там не забуду про это.

1961

ОЛЬГА БЕРГГОЛЬЦ (1910–1975)

ИЗ ЦИКЛА «АННЕ АХМАТОВОЙ»

... Она дарить любила.
              Всем. И – разное.
Надбитые флаконы и картинки,
и жизнь свою, надменную, прекрасную,
до самой той, горючей той кровинки.
Всю – без запинки.
Всю – без заминки.

... Что же мне подарила она?
                Свою нерекламную твердость.
Окаяннейшую свою,
          молчаливую гордость.
Волю – не обижаться на тех,
          кто желает обидеть.
Волю – видеть до рези в глазах,
          и все-таки видеть.
Волю – тихо, своею рукой
                задушить
            подступившее к сердцу
                          отчаянье.
Волю – к чистому, звонкому слову.
          И грозную волю – к молчанию.

1970

КСЕНИЯ НЕКРАСОВА (1912-1958)

АННЕ АХМАТОВОЙ

А я встала нынче
На рассвете ...
Глянула –
А дом попался в сети
Из зеленых черенков и почек
И из тонких,
Словно тина, веток.
Обошла я все дома в квартале –
Город весь
В тенетах трепетал.
Спрашивала я прохожих –
Где же пряхи,
Что сплетали сети?
На меня глядели с удивленьем
И в ответ таращили глаза.

Вы скворцов
Доверчивей все, люди! –
Думаете, это листья?
Просто яблони
И просто груши?..

Вот проходит мимо
Женщина
Под рябью ...
Голова седая,

КСЕНИЯ НЕКРАСОВА

А лицо как стебель,
А глаза как серый
Тучегонный ветер ...
– Здравствуйте, поэт, –
Сказала я учтиво.

Жаловалась Анна:
– А я встала рано
И в окно увидела цветы ...
А в моем стакане
Розы с прошлых весен –
Все не сохли розы.
Из друзей никто мне нынче
Не принес весны.
Я сейчас с мальчишкой
Здесь, на тротуаре,
Из-за ветки вишни
Чуть не подралась.
Все равно всю ветку
Оборвет мальчишка ...

И проходит дальше.
Голова седая,
А лицо как стебель,
А глаза как серый
Тучегонный ветер.
И ложатся под ноги ей тени
Облачками ...
Львами ...
С гривами цветов ...

ЯРОСЛАВ СМЕЛЯКОВ (1913-1972)

АННА АХМАТОВА

Не позабылося покуда
и, надо думать, навсегда,
как мы встречали Вас оттуда
и провожали Вас туда.

Ведь с Вами связаны жестоко
людей ушедших имена:
от императора до Блока,
от Пушкина до Кузмина.

Мы ровно в полдень были в сборе
совсем не в клубе городском,
а в том Большом морском соборе,
задуманном еще Петром.

И все стояли виновато
и непривычно вдоль икон –
без полномочий делегаты
от старых питерских сторон.

По завещанью, как по визе,
гудя на весь лампадный зал,
сам протодьякон в светлой ризе
Вам отпущенье возглашал.

ЯРОСЛАВ СМЕЛЯКОВ

Он отпускал Вам перед Богом
все прегрешенья и грехи,
хоть было их не так уж много:
одни поэмы да стихи.

< *1966* >

ЛЕВ ОЗЕРОВ (р.1914)

Выгиб лебединой шеи
Вижу я в витках пурги.
Царскосельские аллеи
Помнят легкие шаги
Этой женщины высокой,
С темной челкою на лбу,
Молчаливой, одинокой.
Нет ни жалоб на судьбу,
Ни боязни отчужденья,
Ни желанья быть в чести.
Круглосуточные бденья –
Огонек горит в горсти –
Вдохновеньем называют,
Что с проклятьем наравне.
Белый лебедь проплывает
В царскосельской тишине.

1967

АЛЕКСАНДР ГАЛИЧ (1918-1977)

АННЕ АНДРЕЕВНЕ АХМАТОВОЙ

> ... И благодарного народа
> Он слышит голос: «Мы пришли
> Сказать: где Сталин - там свобода,
> Мир и величие земли!»
>
> *А. Ахматова*
> *Из цикла «Слава миру», 1950*

Ей страшно. И душно. И хочется лечь.
Ей с каждой секундой ясней,
Что это не совесть, - а русская речь
Сегодня глумится над ней!

И все-таки надо писать эпилог,
Хоть ломит от боли висок,
Хоть каждая строчка, и слово, и слог
Скрипят на зубах, как песок!

Скрипели слова, как песок на зубах,
И вдруг - расплывались в пятно.
Белели слова, как предсмертных рубах
Белеет во мгле полотно.

... По белому снегу вели на расстрел
Вдоль берега белой реки.
И сын ее вслед уходившим смотрел
И ждал - этой самой строки!

АЛЕКСАНДР ГАЛИЧ

Торчала строка, как сухое жнивье,
Шуршала опавшей листвой ...
Но Ангел стоял за плечом у нее
И скорбно кивал головой!..

БОРИС СЛУЦКИЙ (1919–1986)

Я с той старухой хладновежлив был:
знал недостатки, уважал достоинства,
особенно спокойное достоинство,
морозный, ледовитый пыл.

Республиканец с молодых зубов,
не принимал я это королевствование:
осанку, ореол и шествование –
весь мир господ и, стало быть, рабов.

В ее каморке оседала лесть,
как пепел после долгого пожара.
С каким значеньем руку мне пожала.
И я уразумел: тесть любит лесть.

Вселенная, которую с трудом
вернул я в хаос: с муками и болью, –
здесь сызнова была сырьем, рудой
для пьедестала. И того не более.

А может быть, я в чем-то и не прав:
в эпоху понижения значения
людей
        она вручила назначение
самой себе
        и выбрала из прав

БОРИС СЛУЦКИЙ

важнейшие,
              те, что сама хотела,
какая челядь как бы ни тряслась,
какая чернь при этом ни свистела,
ни гневалась какая власть.

Я путь не принимал, но это был
путь. При почти всеобщем бездорожье
он был оплачен многого дороже.
И я ценил холодный грустный пыл.

ДАВИД САМОЙЛОВ (1920-1990)

А.А.

Я вышел ночью на Ордынку.
Играла скрипка под сурдинку.
Откуда скрипка в этот час –
Далеко за полночь, далеко
От запада и до востока –
Откуда музыка у нас?

ДАВИД САМОЙЛОВ

СТАНСЫ

Начнем с подражанья. И это
Неплохо, когда образец –
Судьба коренного поэта,
Приявшего славный венец.

Терновый, а может, лавровый –
Не в этом, пожалуй что, суть.
Пойдем за старухой суровой,
Открывшей торжественный путь.

И, сами почти уже старцы,
За нею на путь становясь,
Напишем суровые стансы
Совсем безо всяких прикрас.

В тех стансах, где каждое слово
Для нас замесила она,
Не надо хорошего слога
И рифма пусть будет бедна.

Зато не с налету, не сдуру
Не с маху и не на фуфу,
А трижды сквозь душу и шкуру
Протаскивать будем строфу.

ДАВИД САМОЙЛОВ

Великая дань подражанью!
Нужна путеводная нить!
Но можно ли горла дрожанье
И силу ума сочинить?

И как по чужому каркасу
Свое устроенье обжать?
И можно ли смертному часу
И вечной любви подражать?

Начнем с подражанья. Ведь позже
Придется узнать все равно,
На что мы похожи и гожи
И что нам от Бога дано.

ЛЕВ ДРУСКИН (р. 1921)

> Тень моя на стенах твоих.
> Анна Ахматова

Я еще не привык, я смущен,
Будто впрямь совершаю кощунство
Тем, что в комнате этой живу,
Открываю окно по-хозяйски
И несу на веранду цветы
В знаменитой надтреснутой вазе.

Этот старенький стол под сосной —
Не моим бы лежать там тетрадям!
Не мои, не мои, не мои
Эти стены, и окна, и двери.
Лучше б мне, как два года назад,
Робким гостем стоять на пороге,
Острым локтем в портфеле зажав
Ненавистную, милую папку.

Я сажусь на чужую скамью,
Я к столу наклоняюсь чужому,
И все кажется мне, что сейчас
Выйдет тень величавой старухи
И, стихи мои перечеркнув,
Настоящие строчки напишет.

КОНСТАНТИН ВАНШЕНКИН (р.1925)

ГОЛОС АХМАТОВОЙ

Где других голоса еще
На пластиночке матовой –
Убывающий, угасающий,
Низкий голос Ахматовой.

Как костер затухающий,
Как простор затихающий.

Мерный, горько-медлительный,
Полный царственной гордости,
Голос ваш удивительный
Выше муки и горести.

В мир от губ отлетающий,
Смерть в веках отметающий.

1966

ВЛАДИМИР КОРНИЛОВ (р.1928)

АННЕ АХМАТОВОЙ

Ваши строки невеселые,
Как российская тщета,
Но отчаянно высокие,
Как молитва и мечта,
Отмывали душу дочиста,
Уводя от суеты
Благородством одиночества
И величием беды.

Потому-то в первой юности,
Только-только их прочел -
Вслед,
Не думая об участи,
Заколдованный пошел.
Век дороги не прокладывал,
Не проглядывалась мгла.
Бога не было.
Ахматова
На земле тогда была.

ИННА ЛИСНЯНСКАЯ (р. 1928)

Ахматовой

Сюда, где забвенье с изменою
И с совестью путают срам,
Приходит Простая, Надменная
И будит меня по утрам.

И я пристаю к ней с вопросами:
Куда и зачем нам идти,
Зачем раскаленными розами
Мы хлещем себя по груди?

Ведь это — не женский заведомо,
К тому же шиитский обряд.
Зачем же от слова заветного
Ожоги вседневно горят?

1973

АНДРЕЙ ВОЗНЕСЕНСКИЙ (р.1933)

КНИЖНЫЙ БУМ

Попробуйте купить Ахматову.
Вам букинисты объяснят,
что черный том ее агатовый
куда дороже, чем агат.

И многие не потому ли –
как к отпущению грехов –
стоят в почетном карауле
за томиком ее стихов?

«Прибавьте тиражи журналам», –
мы молимся книгобогам,
прибавьте тиражи желаньям
и журавлям!

Все реже в небесах бензинных
услышишь журавлиный зов.
Все монолитней в магазинах
сплошной Массивий Муравлев.

Страна поэтами богата,
но должен инженер копить
в размере чуть ли не зарплаты,
чтобы Ахматову купить.

АНДРЕЙ ВОЗНЕСЕНСКИЙ

Страною заново открыты
те, кто писали «для элит».
Есть всенародная элита.
Она за книгами стоит.

Страна желает первородства.
И, может, в этом добрый знак –
Ахматова не продается,
не продается Пастернак.

1977

АНАТОЛИЙ ЯКОБСОН (1935-1978)

АННЕ АХМАТОВОЙ

Рука всевластная судьбы
Россию взвесила, как глыбу,
И подняла - не на дыбы,
Как Петр когда-то, а на дыбу.
И на весу гремят составы,
Несутся годы-поезда;
Отменная была езда:
Мгла - впереди и бездна - под,
И от заставы до заставы -
Все вывернутые суставы,
Все смертный хрип да смертный пот.
Но, извиваясь от удушья,
Вручая крестной муке плоть,
Россия, как велел Господь,
В ту пору возлюбила душу:
Себе самой могилу рыть,
Любые вынести глумленья,
Но душу спрятать, душу скрыть,
Спасти - живую - от растленья.
Надежный отыскать сосуд,
Чтоб в нем душа, как хлеб в котомке,
А там - какой угодно суд
Пускай произнесут потомки.
В одной крови себя избыть,
В одном дыханье претвориться -
В наперснице своей судьбы,

АНАТОЛИЙ ЯКОБСОН

В сестре, избраннице, царице.
Найти такую. И обречь
На муки. И – святынь святей –
Собою заслонив, сберечь
    От тысячи смертей.

< 1962 >

ЕВГЕНИЙ РЕЙН (р.1935)

А. А. Ахматовой

У зимней тьмы печали полон рот,
Но прежде чем она его откроет,
Огонь небесный вдруг произойдет –
Метеорит, ракета, астероид.

Огонь летит над грязной белизной,
Зима глядит на казни и на козни,
Как человек глядит в стакан порожний,
Уже живой, еще полубольной.

Тут смысла нет, и вымысла тут нет,
И сути нет, хотя конец рассказу.
Когда я вижу освещенный снег,
Я Ваше имя вспоминаю сразу.

1965

ДМИТРИЙ БОБЫШЕВ (р.1936)

ТРАУРНЫЕ ОКТАВЫ

Памяти Анны Ахматовой

ГОЛОС
Забылось, но не все перемололось:
огромно-голубиный и грудной,
в разлуке с собственной гортанью, голос
от новой муки стонет под иглой.
Не горло, но безжизненная полость
сейчас, теперь вот ловит миг былой.
И звуковой бороздки рвется волос,
но только тень от голоса со мной.

ВОСПОМИНАНИЕ
Здесь время так и валит даровое...
Куда его прикажете девать,
сегодняшнее? Как добыть опять
из памяти мгновение живое?
Тогдашний и теперешний — нас двое,
и — горькая двойная благодать —
я вижу Вас, и я вплываю вспять
сквозь этих слез в рыдание былое.

ПОРТРЕТ
Затекла рука сердечной болью...
Как Вы посмотрели навсегда

ДМИТРИЙ БОБЫШЕВ

из того мгновения на волю
в этот вот текучий миг, сюда!
В памяти я этот облик сдвою
с тем, что знал в позднейшие года.
Видеть Вас посмертною вдовою,
Вас не видеть – вот моя беда.

ВЗГЛЯД

С мольбой на лбу, в кладбищенском леску
в день грузный и сырой, зимне-весенний
она ушла от нас к корням растений,
туда, в подпочву, к мерзлому песку,
«Кто сподличать решит, – сказал Арсений, –
пускай представит глаз ее тоску».
Да, этот взгляд приставить бы к виску,
когда в разладе жизнь, и нет спасенья.

ПЕРЕМЕНЫ

Холмик песчаный заснежила крупка,
два деревянных скрестились обрубка;
их заменили – железо прочней.
На перекладину села голубка,
но упорхнула куда-то ... Бог с ней!
Стенку сложили из плоских камней.
Все погребенье мимически-жутко
знак подает о добыче своей.

ВСЕ ЧЕТВЕРО

Закрыв глаза, я выпил первым яд.
И, на кладбищенском кресте гвоздима,

ДМИТРИЙ БОБЫШЕВ

душа прозрела: в череду утрат
заходят Ося, Толя, Женя, Дима
ахматовскими сиротами в ряд.
Лишь прямо, друг на друга не глядят
четыре стихотворца – побратима.
Их дружба, как и жизнь, не обратима.

ВСТРЕЧА

Она велела мне для Пятой розы
эпиграфом свою строку вписать.
И мне бы – что с Моца́ртом ей мерцать,
а я – о превращеньях альбатроса
непоправимо внес в ее тетрадь.
И вот – она, она в газетной прозе!
Эпиграф же – и впрямь по-альбатросьи –
куда вдруг улетел – не разыскать.

СЛОВА

Когда гортань – алтарной частью храма,
тогда слова Святым Дарам сродни.
И даже самое простое: «Ханна!
Здесь молодые люди к нам, взгляни ...»
встает магически, поет благоуханно.
Все стихло разом в мартовские дни.
Теперь стихам звучать бы невозбранно,
но без нее немотствуют они.

1971

АЛЕКСАНДР КУШНЕР (р.1936)

ПАМЯТИ АННЫ АХМАТОВОЙ

Волна темнее к ночи,
Уключина стучит.
Харон неразговорчив,
Но и она – молчит.

Обшивку руки гладят,
А взгляд, как в жизни, тверд.
Пред нею волны катят
Коцит и Ахеронт.

Давно такого груза
Не поднимал челнок.
Летает с криком муза,
А ей и невдомек.

Опять она нарядна,
Спокойна, молода.
Легка и чуть прохладна
Последняя беда.

Другую бы дорогу,
В Компьен или Париж ...
Но этой, слава Богу,
Ее не удивишь.

АЛЕКСАНДР КУШНЕР

Свиданьем предстоящим
Взволнована чуть-чуть.
Но дышит грудь не чаще,
Чем в Царском где-нибудь.

Как всякий дух бесплотный
Очерчена штрихом,
Свой путь бесповоротный
Сверяет со стихом.

Плывет она в тумане
Средь чудищ, мимо скал
Такой, как Модильяни
Ее нарисовал.

< 1966 >

АНАТОЛИЙ НАЙМАН (р.1936)

КАРТИНА В РАМЕ

Хоть картина недавняя, лак уже слез,
но сияет еще позолотою рама:
две фигуры бредут через реденький лес,
это я и прекрасная старая дама.

Ах, пожалуй, ее уже нет, умерла.
Но опять как тогда (объясню ли толково?)
я еще не вмешался в чужие дела,
мне никто не сказал еще слова плохого,

кто был жив - те и живы, на воле друзья,
под ногами песок и опавшая хвоя,
кто-то громко смеется - наверное, я,
в этих пепельных сумерках нас только двое.

Все, что нам пригодится на годы вперед,
можно выбрать из груды ненужного хлама.
Мне об этом с усмешкой в тот траурный год
говорила прекрасная старая дама.

Да, конечно, ее уже нет, умерла.
Но о том, как мне жить, еще не было речи,
кто-то жалит уже - но еще не со зла,
электричества нет - но и лучше, что свечи,

АНАТОЛИЙ НАЙМАН

печь затопим, заброшенный дом оживим
и подружимся с кем-то из призраков местных
и послушаем Моцарта – о, херувим,
он занес к нам те несколько песен небесных.

Хорошо... И хотя никакому ключу
не открыть погребенную в хламе шкатулку,
я теперь не при чем и, когда захочу,
выхожу на последнюю эту прогулку.

Свет осенний попрежнему льется с небес.
День безветренный. Тихо. И держатся прямо
две фигуры, бредя через реденький лес:
это я и прекрасная старая дама.

< 1969 >

БЕЛЛА АХМАДУЛИНА (р.1937)

Четверть века, Марина, тому,
как Елабуга ластится раем
к отдохнувшему лбу твоему,
но и рай ему мал и неравен.

Неужели к всеведенью мук,
что тебе удалось как удача,
я добавлю бесформенный звук
дважды мною пропетого плача?

Две бессмыслицы - мертв и мертва,
две пустынности, два ударенья -
царскосельских садов дерева,
переделкинских рощиц деревья.

И усильем двух этих кончин
так исчерпана будущность слова.
Не осталось ни уст, ни причин,
чтобы нам затевать его снова.

Впрочем, в этой утрате суда
есть свобода и есть безмятежность:
перед кем пламенеть от стыда,
оскорбляя страниц белоснежность?

Как любила! Возможно ли злей?
Без прощения, без обещанья
имена их любовью твоей
были сосланы в даль обожанья.

БЕЛЛА АХМАДУЛИНА

Среди всех твоих бед и плетей
только два тебе есть утешенья:
что не знала двух этих смертей
и воспела два этих рожденья.

< *1966* >

БЕЛЛА АХМАДУЛИНА

СТРОКА

...Дорога не скажу куда...
Анна Ахматова

Пластинки глупенькое чудо,
проигрыватель – вздор какой,
и слышно, как невесть откуда,
из недр стесненных, из-под спуда
корней, сопревших трав и хвой,
где закипает перегной,
вздымая пар до небосвода,
нет, глубже мыслимых глубин,
из пекла, где пекут рубин
и начинается природа,–
исторгнут, близится, и вот
донесся бас земли и вод,
которым молвлено протяжно,
как будто вовсе без труда,
так легкомысленно, так важно:
«...Дорога не скажу куда...»
Меж нами так не говорят,
нет у людей такого знанья,
ни вымыслом, ни наугад
тому не подыскать названья,
что мы в невежестве своем
строкой бессмертной назовем.

< 1968 >

ИОСИФ БРОДСКИЙ (р.1940)

СРЕТЕНЬЕ

Когда она в церковь впервые внесла
дитя, находились внутри из числа
людей, находившихся там постоянно,
    Святой Симеон и пророчица Анна.

И старец воспринял младенца из рук
Марии; и три человека вокруг
младенца стояли, как зыбкая рама,
    в то утро, затеряны в сумраке храма.

Тот храм обступал их, как замерший лес.
От взглядов людей и от взора небес
вершины скрывали, сумев распластаться,
    в то утро Марию, пророчицу, старца.

И только на темя случайным лучом
свет падал младенцу; но он ни о чем
не ведал еще и посапывал сонно,
    покоясь на крепких руках Симеона.

А было поведано старцу сему
о том, что увидит он смертную тьму
не прежде, чем Сына увидит Господня.
    Свершилось. И старец промолвил: «Сегодня,

реченное некогда слово храня,
Ты с миром, Господь, отпускаешь меня,
затем что глаза мои видели это
    дитя: он – твое продолженье и света

ИОСИФ БРОДСКИЙ

источник для идолов чтящих племен,
и слава Израиля в нем.» - Симеон
умолкнул. Их всех тишина обступила.
    Лишь эхо тех слов, задевая стропила,

кружилось какое-то время спустя
над их головами, слегка шелестя
под сводами храма, как некая птица,
    что в силах взлететь, но не в силах спуститься.

И странно им было. Была тишина
не менее странной, чем речь. Смущена,
Мария молчала. «Слова-то какие...»
    И старец сказал, повернувшись к Марии:

«В лежащем сейчас на раменах твоих
паденье одних, возвышенье других,
предмет пререканий и повод к раздорам.
    И тем же оружьем, Мария, которым

терзаема плоть его будет, твоя
душа будет ранена. Рана сия
даст видеть тебе, что сокрыто глубоко
    в сердцах человеков, как некое око.»

Он кончил и двинулся к выходу. Вслед
Мария, сутулясь, и тяжестью лет
согбенная Анна безмолвно глядели.
    Он шел, уменьшаясь в значеньи и в теле

ИОСИФ БРОДСКИЙ

для двух этих женщин под сенью колонн.
Почти подгоняем их взглядами, он
шел молча по этому храму пустому
    к белевшему смутно дверному проему.

И поступь была стариковски тверда.
Лишь голос пророчицы сзади когда
раздался, он шаг придержал свой немного:
    но там не его окликали, а Бога

пророчица славить уже начала.
И дверь приближалась. Одежд и чела
уж ветер коснулся, и в уши упрямо
    врывался шум жизни за стенами храма.

Он шел умирать. И не в уличный гул
он, дверь отворивши руками, шагнул,
но в глухонемые владения смерти.
    Он шел по пространству, лишенному тверди,

он слышал, что время утратило звук.
И образ младенца с сияньем вокруг
пушистого темени смертной тропою
    душа Симеона несла пред собою,

как некий светильник, в ту черную тьму,
в которой дотоле еще никому
дорогу себе озарять не случалось.
    Светильник светил, и тропа расширялась.

Март 1972

ИОСИФ БРОДСКИЙ

НА СТОЛЕТИЕ АННЫ АХМАТОВОЙ

Страницу и огонь, зерно и жернова,
секиры острие и усеченный волос –
Бог сохраняет все; особенно – слова
прощенья и любви, как собственный свой голос.

В них бьется рваный пульс, в них слышен костный хруст
и заступ в них стучит; ровны и глуховаты,
поскольку жизнь – одна, они из смертных уст
звучат отчетливей, чем из надмирной ваты.

Великая душа, поклон через моря
за то, что их нашла, – тебе и части тленной,
что спит в родной земле, тебе благодаря
обретшей речи дар в глухонемой Вселенной.

1989

ПРИМЕЧАНИЯ

ФЕДОР СОЛОГУБ (1863-1927). Настоящая фамилия Тетерников. Поэт и прозаик, представитель символизма. Ахматова высоко ценила Сологуба как поэта. Она познакомилась с ним в конце 1910 г., и его «Салон» был одним из первых, где она вступила в литературную жизнь.

А н н е А х м а т о в о й. - Впервые в кн.: Образ Ахматовой. Антология. Редакция и вступительная статья Э. Голлербаха. Второе издание. Л., Издание Ленинградского Общества библиофилов, 1925, с. 29. *Публ.* по кн.: Федор Сологуб. Стихотворения. Вступительная статья, составление, подготовка текста и примечания М. И. Дикман. «Б-ка поэта» (Б.с.), Л., «Советский писатель», 1975, с. 408. Стихотворение было записано в альбом Ахматовой 22 марта 1917 г. (ЦГАЛИ).

МИХАИЛ КУЗМИН (1872-1936). Поэт, прозаик, драматург, переводчик. Примыкал к символистам, позднее был связан с акмеистами. Написал предисловие к первому сборнику Ахматовой «Вечер» (1912) и оказал сильное влияние на ее раннее творчество.

« З а л е т н о ю г о л у б к о й к н а м с л е т е л а...». - *Публ.* по кн.: М Кузмин. Глиняные голубки. Третья книга стихов. Издание второе. Берлин, «Петрополис», 1923, с. 77. Стихотворение было записано в альбом Ахматовой (ЦГАЛИ) и вошло в антологию «Образ Ахматовой», с. 28.

СЕРГЕЙ РАФАЛОВИЧ (1875 - 1943). Тбилисский поэт-символист, театральный критик. Автор статьи о творчестве Ахматовой (1919).

Р а с к о л о т о е з е р к а л о. - Впервые в журн. «Куранты», 1919, № 3/4, с. 3. *Публ.* по статье Татьяны Никольской «Ахматова в оценке литературного Тифлиса» в кн: Ахматовский сборник. 1. Составители Сергей Дедюлин и Габриель Суперфин. Paris, Institut d'Etudes Slaves, 1989, с. 86.

СЕРГЕЙ ГЕДРОЙЦ (1876-1932). Настоящее имя Вера Игнатьевна Гедройц. Поэтесса, прозаик, врач. В 1911 вошла в Цех поэтов.

К стр. 4-9

О т в е т   А н н е   А х м а т о в о й. - *Публ.* по кн.: Сергей Гедройц. Вег (1910-1913). Спб., Цех поэтов, 1913, с. 12-13.

ЮРИЙ ВЕРХОВСКИЙ (1878-1956). Поэт, историк литературы, переводчик. Был близок к символистам.

Э р и н н а. - *Публ.* по кн.: Стихотворения Юрия Верховского. Том первый. Сельские эпиграммы. Идиллии. Элегии. М., «Мусагет», 1917, с. 59-60.

« К а к   б р ы з г и   п е н н ы е   б л и с т а ю щ е й   в о л н ы ...». - *Публ.* по журн. «Литературное обозрение», 1989, № 5, с. 42 (публикация Н. А. Богомолова).

АЛЕКСАНДР БЛОК (1880-1921). Поэт, представитель символистов младшего поколения. Играл центральную роль в творчестве Ахматовой.

А н н е   А х м а т о в о й. - Впервые в журн. «Любовь к трем апельсинам», 1914, № 1. В том же номере журнала напечатано стихотворение Ахматовой «Я пришла к поэту в гости...», также посвященное ее встрече с Блоком 15 декабря 1913 г. Стихотворение Блока вошло в антологию «Образ Ахматовой», с. 22. *Публ.* по кн.: Александр Блок. Собрание сочинений в восьми томах. Под общей редакцией В. Н. Орлова. Том третий. М.;Л., «Государственное издательство художественной литературы», 1960, с. 143.

ВАСИЛИЙ КОМАРОВСКИЙ (1881-1914). Один из поэтов-царскоселов, высоко ценимый Ахматовой и ее кругом. Был болен шизофренией, послужившей причиной его ранней смерти.

А н н е   А х м а т о в о й (« В е ч е р »   и   « Ч е т к и »). - *Публ.* по журн. «Аполлон», 1916, № 8, с. 49. Ответом на это стихотворение, по-видимому, является стихотворение Ахматовой «Ответ» («Какие странные слова...»), посвященное Комаровскому. Стихотворение Комаровского вошло в антологию «Образ Ахматовой», с. 27.

БОРИС САДОВСКОЙ (1881-1952). Настоящая фамилия Садовский. Поэт, прозаик, критик. Познакомился с Ахматовой в начале 1913 г.

К стр. 9-11

Анне Ахматовой. - Впервые в газете «Нижегородский листок», 26 ноября 1913 г. *Публ.* по кн.: Борис Садовской. Полдень. Собрание стихов. 1905-1914. Пг., 1915, с. 263-264. Вошло в антологию «Образ Ахматовой», с. 33. Отношения Садовского с Ахматовой освещены в статье Р. Д. Тименчика («Известия Академии наук СССР, Серия литературы и языка», 1981, № 4, с. 387-390); там же впервые опубликован «Ответ» Ахматовой на это стихотворение («Я получила письмо...»).

«Прекрасен поздний час в собачьем душном крове...». - *Публ.* по кн.: Памятники культуры. Новые открытия. Письменность. Искусство. Археология. Ежегодник. 1983. Л., «Наука», 1985, с. 207 в статье А. Е. Парниса и Р. Д. Тименчика «Программы „Бродячей собаки"», с. 160-257. В этом экспромте описывается знаменитое литературно-художественное кафе «Бродячая собака», которое в то время часто посещала Ахматова. *Тиняков* Александр Иванович (один из псевдонимов - «Одинокий») (1882-1934) - поэт. *Нагродская* Евдокия Аполлоновна (1866-1930) - беллетристка. *Конге* Александр Александрович (1891-1915) - поэт, приятель Садовского.

НИКОЛАЙ НЕДОБРОВО (1882-1919). Поэт, критик, драматург. Близкий друг Ахматовой, с которой он познакомился в 1913 г. Автор проницательной статьи, опубликованной в 1915 г., о творчестве Ахматовой, которую она считала лучшим откликом на ее раннюю поэзию. Ему посвящены несколько шедевров любовной лирики Ахматовой.

«Не напрасно вашу грудь и плечи...». - *Публ.* по кн: Ежегодник Рукописного отдела Пушкинского Дома на 1974 год. Л., «Наука», 1976, с. 63 в статье Р. Д. Тименчика и А. В. Лаврова «Материалы А. А. Ахматовой в Рукописном отделе Пушкинского Дома», с. 53-82. Это шуточное стихотворение, записанное 31 января 1914 г. на

К стр. 11-14

рукописи статьи Недоброво об Ахматовой, является как бы ответом на ее известное стихотворение «Настоящую нежность не спутаешь...», которое в этой статье разбирается.

«Законодательным скучая вздором...». - *Публ.* по газете «Ленинградский рабочий», 30 июня 1979 г., с. 12 (публикация М. Кралина). Недоброво сочинил этот сонет в канцелярии Государственной думы, где он в это время служил. Его критическое отношение к думской политике выражено и в содержании сонета, и в форме его записи: не желая, чтобы его произведение было случайно прочитано кем-либо из сослуживцев, автор его записал так, как записывал свои рукописи Леонардо да Винчи, то есть зеркальным письмом.

«С тобой в разлуке от твоих стихов...». - *Публ.* по кн.: Альманах муз. Пг., «Фелана», 1916, с. 118. Стихотворение Ахматовой «Есть в близости людей заветная черта ... » (май 1915), по-видимому, является ответом на эти стихи.

БОРИС АНРЕП (1883-1969). Русский художник по мозаике, художественный критик, поэт. Познакомился с Ахматовой через Недоброво в 1914 г. Был ее близким другом до своего окончательного отъезда в Англию в 1917 г. Автор воспоминаний об Ахматовой, написанных после их последней встречи в Париже в 1965 г. К нему обращено много стихотворений Ахматовой.

«Я позабыл слова и не сказал заклятья...». - Надпись Анрепа на с. 19 экземпляра «Альманаха Муз» (Пг., «Фелана», 1916), хранящегося в отделе редких книг Стэнфордской университетской библиотеки. *Публ.* по статье Лазаря Флейшмана «Из Ахматовских материалов в архиве Гуверовского института» в кн.: Ахматовский сборник. 1. Составители Сергей Дедюлин и Габриель Суперфин. Paris, Institut d'Etudes Slaves, 1989, с. 182. Этот текст слегка отличается от двух вариантов этого стихотворения, которые Анреп приводит в своих

К стр. 14-18

воспоминаниях, опубликованных в кн.: Анна Ахматова. Сочинения. Том третий. Под общей редакцией Г. П. Струве, Н. А. Струве, Б. А. Филиппова. Paris, YMCA-Press, 1983, с. 442. Один из этих вариантов был впервые опубликован в искаженной форме в альманахе «Воздушные пути». Альманах III. Нью-Йорк, 1963, с. 12. Стихотворение было написано по поводу деревянного престольного креста, подаренного Анрепом Ахматовой в начале 1916 г., незадолго до его отъезда в Англию. Оно было записано в альбом Ахматовой (ЦГАЛИ).

«М н е с т р а ш н о , м и л а я , у з о р з а б а в н ы х с л о в ...». - *Публ.* по кн.: Анна Ахматова. Сочинения. Том третий. Под общей редакцией Г. П. Струве, Н. А. Струве, Б. А. Филиппова. Paris, YMCA-Press, 1989, с. 464-465.

П р о щ а н и е . - *Публ.* по той же книге, с. 463. Это стихотворение, очевидно, связано с отъездом Анрепа в Англию в 1916 году.

СЕРГЕЙ ГОРОДЕЦКИЙ (1884-1967). Поэт, прозаик, драматург. Вместе с Гумилевым был одним из основателей акмеизма, организовал «Цех поэтов» и издавал журнал «Гиперборей».

«В н а ч а л е в е к а п р о ф и л ь с т р а н н ы й ...». - Впервые в журн. «Гиперборей», 1913, № 5 (февраль), с. 12. *Публ.* по кн.: Сергей Городецкий. Цветущий посох. Вереница восьмистиший. <Спб>, «Грядущий день», <1914>, с. 120. Вошло в антологию «Образ Ахматовой», с. 31.

ВЕЛИМИР ХЛЕБНИКОВ (1885-1922). Поэт-футурист. В молодости входил в круг журнала «Аполлон». Экспериментатор в области словотворчества и поэтической формы.

П е с н ь с м у щ е н н о г о . - Впервые в кн.: Неизданный Хлебников. Вып. XIII. М., 1930, с. 10. *Публ.* по кн.: Велимир Хлебников. Неизданные произведения. Поэмы и стихи. Редакция и комментарии Н. Харджиева. Проза. Редакция и комментарии Т. Грица. М., 1940, с. 157. По свидетельству

К стр. 18-24

Ахматовой, Хлебников прочитал ей это стихотворение в ноябре-декабре 1913 г.

О д и н о к и й л и ц е д е й. - Впервые в кн.: Велимир Хлебников. Стихи. М., <1923>, с. 29. *Публ.* по кн.: Собрание произведений Велимира Хлебникова. Под общей редакцией Ю. Тынянова и Н. Степанова. Л., Издательство писателей в Ленинграде, <1928-1933>, Том III, с. 307.

НИКОЛАЙ ГУМИЛЕВ (1886-1921). Поэт, критик. Вместе с Городецким основатель школы акмеизма. Познакомился с Ахматовой в 1903 г., был ее первым мужем с 1910 г. по 1918 г. Значительная часть раннего творчества Гумилева связана с образом Ахматовой.

Р у с а л к а. - *Публ.* по кн.: Н. Гумилев. Путь конквистадоров. Стихи. Спб., 1905, с. 67-68. Самое раннее стихотворение, посвященное Ахматовой.

«А д д и с - А б е б а, г о р о д р о з...». - Акростих. *Публ.* по кн.: Н. Гумилев. Стихотворения. Посмертный сборник. Пг., «Мысль», 1922, с. 61. В экземпляре этого издания из собрания Лесмана - с записью рукой Ахматовой: «Ц<арское> С<ело>, 1911». Вошло в антологию «Образ Ахматовой», с. 25. В 1909 Гумилев отправился в свое третье путешествие по Африке, но вернулся в Россию в начале 1910 г., не достигнув своей цели - Аддис-Абебы.

«А н г е л л е г у к р а я н е б о с к л о н а...». - Акростих. *Публ.* по кн.: Н. Гумилев. Стихотворения. Посмертный сборник. Пг., «Мысль», 1922, с. 65. В экземпляре этого издания из собрания Лесмана - дата: 1911. Стихотворение было записано в альбом Ахматовой (ЦГАЛИ) и вошло в антологию «Образ Ахматовой», с. 26.

И з л о г о в а з м и е в а. - Впервые в журн. «Русская мысль», 1911, № 7, без заглавия. *Публ.* по кн.: Н. Гумилев. Чужое небо. Третья книга стихов. Спб., «Аполлон», 1912, с. 27-28. Вошло в антологию «Образ Ахматовой», с. 24.

К стр. 25-31

О н а . - *Публ.* по кн.: Н. Гумилев. Чужое небо. Третья книга стихов. Спб., «Аполлон», 1912, с. 24-25. Вошло в антологию «Образ Ахматовой», с. 23.

О т р а в л е н н ы й . - Впервые в журн. «Новая жизнь», 1912, январь, без заглавия. *Публ.* по кн: Н. Гумилев. Чужое небо. Третья книга стихов. Спб., «Аполлон», 1912, с. 48-49.

АЛЕКСАНДР ТИНЯКОВ (1886-1934). Поэт, критик. Познакомился с Ахматовой в октябре 1912 г.

А н н е А х м а т о в о й . - *Публ.* по кн.: Александр Тиняков. Треугольник. Вторая книга стихов. 1912-1921 гг. Пб., «Поэзия», 1922, с. 54. Стихотворение было записано в альбом Ахматовой 26 января 1914 г. (ЦГАЛИ) и вошло в антологию «Образ Ахматовой», с. 34.

ВЛАДИМИР ПЯСТ (1886-1940). Поэт-символист, критик, переводчик. Встречался с Ахматовой в разных литературных кругах в начале десятых годов.

« ... З д р а в с т в у й , ж е л а н н а я д о ч ь ...». - *Публ.* по кн.: В. А. Пяст. Львиная пасть. Вторая книга лирики. Берлин; Пб.; М., Издательство З. И. Гржебина, 1922, с. 29.

МИХАИЛ ЛОЗИНСКИЙ (1886-1955). Поэт, переводчик. Член «Цеха поэтов». Познакомился с Ахматовой в 1911 г. и был ее близким другом на протяжении всей своей жизни. У Ахматовой есть несколько стихотворений, обращенных к нему, написанных в основном в 1913 году.

Н е з а б ы в ш а я . - Впервые в журн. «Гиперборей», 1913, № 9-10, с. 28, под заглавием «Воскресшая» и без даты. *Публ.* по кн.: М. Лозинский. Горный ключ. Стихи. М.; Пг., «Альциона», 1916, с. 109. Стихотворение было записано в альбом Ахматовой (ЦГАЛИ) и вошло в антологию «Образ Ахматовой», с. 35.

НИКОЛАЙ КЛЮЕВ (1887-1937). Крестьянский поэт. Его первая встреча с Ахматовой, очевидно, произошла в редакции «Аполлона» осенью 1911 г. В 1911-12 годах Клюев примыкал к

К стр. 31-35

«Цеху поэтов». В начале 1913 г. он порвал отношения с «Цехом», но всю жизнь сохранял глубокое почтение к стихам Ахматовой.

«Посв. Гумилевой». - *Публ.* по журн. «Вопросы литературы», 1980, № 5, с. 303 в статье Л. Швецовой «Николай Клюев и Анна Ахматова». Это стихотворение входило в цикл из четырех стихотворений, написанных под впечатлением первой встречи с Ахматовой осенью 1911 г. Об этом пишет Клюев в сопроводительном к ним письме, хранящемся в ЦГАЛИ. См. статью К. М. Азадовского «Меня назвал „китежанкой"» в журн. «Литературное обозрение», 1989, № 5, с. 66-70.

«... Ахматова - жасминный куст...». - Отрывок из длинного стихотворения «Я гневаюсь на вас и горестно браню ...». *Публ.* по кн.: Николай Клюев. Сочинения. Под общей редакцией Г. П. Струве и Б. А. Филиппова. Т. 2. Мюнхен, A. Neimanis, 1969, с. 259 (публикация Г. Мак-Вэя). В этом стихотворении Клюев нападает на разрушителей русской поэзии и выделяет нескольких поэтов, включая Ахматову, которым удалось сохранить в своих стихах «соловьиные раскаты». Ахматова называла эти строки - «лучшее, что сказано о моих стихах» - и частично их использовала в качестве эпиграфа ко второй части «Поэмы без героя».

ИГОРЬ СЕВЕРЯНИН (1887-1941). Настоящая фамилия Лотарев. Возглавлял группу эгофутуристов. После революции оказался в эмиграции в Эстонии.

Стихи Ахматовой. - *Публ.* по кн.: Игорь Северянин. Соловей. Поэзы. Берлин; М., «Накануне», 1923, с. 131-132. В начале книги сообщается, что эти «импровизации в ямбах» написаны в 1918 г. в Петербурге и Тойле.

Ахматова. - *Публ.* по кн.: Игорь Северянин. Медальоны. Сонеты и вариации о поэтах, писателях и композиторах. Белград, Издание автора, 1934, с. 8.

К стр. 36-41

НИКОЛАЙ АСЕЕВ (1889-1963). Поэт-футурист, друг Маяковского.

А. А. А х м а т о в о й. - Впервые в газете «Литературная Россия», 16 сентября 1966 г., с. 10. *Публ.* по кн.: Николай Асеев. Стихотворения и поэмы. Вступительная статья и составление А. Урбана. Подготовка текста и примечания А. Урбана и Р. Вальбе. «Б-ка поэта» (Б. с.), Л., «Советский писатель», 1967, с. 146. Стихотворение было записано в альбом Ахматовой (ЦГАЛИ).

БОРИС ПАСТЕРНАК (1890-1960). Поэт, переводчик, прозаик. Примыкал к футуристам. Ахматова ему посвятила несколько стихотворений: два при жизни, в 1936 г. и в 1947 г., и два после его смерти в 1960 г.

А н н е А х м а т о в о й. - Пастернак послал это стихотворение Ахматовой в письме от 6 марта 1929 г. Впервые в журн. «Красная новь», 1929, № 5, с. 159-160. *Публ.* по кн. : Борис Пастернак. Стихотворения и поэмы. Вступительная статья А. Д. Синявского. Составление, подготовка текста и примечания Л. А. Озерова. «Б-ка поэта» (Б. с.), М.; Л., «Советский писатель», 1965, с. 199-200.

ЕЛИЗАВЕТА ПОЛОНСКАЯ (1890-1969). Поэтесса, переводчица. Занималась в студии «Всемирная литература» под руководством Гумилева. Единственная женщина - участница литературного объединения «Серапионовы братья».

А н н е А х м а т о в о й («З д е с ь п ы ш н о с т ь ю б ы л о й и м п е р и и в о з д в и г н у т...»). - *Публ.* по альманаху «Поэзия. Альманах». Вып. 42, М., «Молодая гвардия», 1985, с. 121-122 (публикация М. Полонского и Б. Фрезинского).

А н н е А х м а т о в о й («М ы В а с л ю б и л и, м а л ь ч и к и и д е в о ч к и...»). - *Публ.* по кн. : Елизавета Полонская. Избранное. М. ; Л., «Художественная литература», 1966, с. 153.

ЮРИЙ НИКОЛЬСКИЙ (1891-1922). Критик, литературовед.

А х м а т о в о й. - *Публ.* по журн. «Литературное

К стр. 41-45

обозрение», 1989, № 5, с. 42 (публикация Н. А. Богомолова). Стихотворение извлечено из письма к Б. А. Садовскому от 22 мая 1919 г.

ВЛАДИМИР ШИЛЕЙКО (1891-1930). Востоковед, переводчик, поэт. Участвовал в «Цехе поэтов». Второй муж Ахматовой (они поженились в 1918 г., разошлись в 1921 г. и развелись в 1926 г.). Ахматова посвятила ему «Черный сон», цикл из шести стихотворений разного времени (1913-1921).

«У с т а Л ю б в и и с т о м л е н ы ...». - *Публ.* по журн. «Аполлон», 1915, № 10, с. 45.

«Ж и в у м у ч и т е л ь н о и т р у д н о ...». - Впервые с датой «1914» в кн. : Всходы вечности. Ассиро-вавилонская поэзия в переводах В. К. Шилейко. М., 1987. *Публ.* в другой редакции по журн. «Литературное обозрение», 1989, № 5, с. 41 (публикация Н. А. Богомолова). Вариант этого стихотворения был записан в альбом Ахматовой (ЦГАЛИ) в 1914 г.

ОСИП МАНДЕЛЬШТАМ (1891-1938). Поэт-акмеист, прозаик. Познакомился с Ахматовой весной 1911 г. и был ее близким другом на протяжении всей своей жизни.

«Как Ч е р н ы й а н г е л н а с н е г у ...». - Впервые в альманахе «Воздушные пути». Альманах III. Нью-Йорк, редактор-издатель Р. Н. Гринберг, 1963, с. 14. *Публ.* по кн.: Осип Мандельштам. Собрание сочинений в трех томах. Под редакцией Г. П. Струве и Б. А. Филиппова. Том первый. Издание второе. Washington, Inter-Language Literary Associates, 1967, с. 122. В своих воспоминаниях о Мандельштаме Ахматова пишет следующее об этом стихотворении: «Стихотворение для тогдашнего Мандельштама слабое и невнятное. . . . Повидимому, это результат бесед с В. К. Шилейко, который тогда нечто подобное говорил обо мне. . . . Мне эти стихи Мандельштам никогда не читал» (Анна Ахматова. Сочинения. Том второй. Washington, Inter-Language Literary Associates, 1968, с. 169-170).

«В п о л о б о р о т а , о п е ч а л ь ...». - Впервые в журн. «Гиперборей», 1913, № 9-10, с. 30, с посвящением Анне

К стр. 45-47

Ахматовой (этот номер вышел в феврале 1914 г.). Вошло в кн. «Камень» (1916, 1923) под заглавием «Ахматова». *Публ.* по кн.: О. Мандельштам. Стихотворения. Вступительная статья А. Л. Дымшица. Составление, подготовка текста и примечания Н. И. Харджиева. «Б-ка поэта» (Б.с.), Л., «Советский писатель», 1973, с. 84. Стихотворение было записано в альбом Ахматовой (ЦГАЛИ) и вошло в антологию «Образ Ахматовой», с. 30. В своих воспоминаниях о Мандельштаме Ахматова сообщает, что стихотворение было написано в начале 1914 г., когда оба поэта были в литературном кафе «Бродячая собака»: «Там было темно и прохладно. Я стояла на эстраде и с кем-то разговаривала. Несколько человек из залы стали просить меня почитать стихи. Не меняя позы, я что-то прочла. Подошел Осип: „Как вы стояли, как вы читали", и еще что-то про шаль» (Ахматова, Сочинения. Том второй, с. 173).

«Ч е р т ы л и ц а и с к а ж е н ы ...». - Впервые в альманахе «Воздушные пути». Альманах III. Нью-Йорк, редактор-издатель Р. Н. Гринберг, 1963, с. 15. *Публ.* по кн.: Осип Мандельштам. Собрание сочинений в трех томах. Под редакцией Г. П. Струве и Б. А. Филиппова. Том первый. Издание второе. Washington, Inter-Language Literary Associates, 1967, с. 139. Ахматова называла это стихотворение, как и предыдущее, «наброском с натуры»: «Я была с Мандельштамом на Царскосельском вокзале (10-ые годы). Он смотрел, как я говорю по телефону, через стекло кабины. Когда я вышла, он прочел мне эти четыре строки» (Ахматова, Сочинения. Том второй, с. 173).

К а с с а н д р е . - *Публ.* по газете «Воля народа», 31 декабря 1917 г., с. 1. Мы печатаем малоизвестный первый опубликованный вариант этого стихотворения в таком виде, в котором оно впервые появилось в последний день 1917 г. на передней странице газеты, издаваемой под редакцией членов партии социалистов-революционеров (в газетном тексте опечатка, нами исправленная - в первой строке пропущен

К стр. 47-51

предлог «в»). Впоследствии стихотворение появилось в других вариантах; в том, который напечатан в американском собрании сочинений (Том первый, Издание второе, с. 67), изменен порядок строф и добавлена еще одна строфа:

    Касатка, милая Кассандра,
    Ты стонешь, ты горишь - зачем
    Стояло солнце Александра
    Сто лет назад, сияло всем?

Кассандра - одно из «зеркал» Ахматовой, у которой тема пророчества уже намечается в ранних стихах.

«**Твое чудесное произношенье**...». - Впервые в журн. «Творчество», Харьков, 1919, № 3, с. 3. Опубл. в кн.: О. Мандельштам. Tristia. Пб.; Берлин, «Петрополис», 1922, с. 34 (с разночтениями). *Публ.* по кн.: О. Мандельштам. Стихотворения. Вступительная статья А. Л. Дымшица. Составление, подготовка текста и примечания Н. И. Харджиева. «Б-ка поэта» (Б.с.), Л., «Советский писатель», с. 107.

НАТАЛИЯ ГРУШКО (1892-19??). В замужестве Островская. Поэтесса, автор книг «Стихи» (Спб., 1912) и «Ева» (Пб., 1922). Дата смерти не обнаружена.

«**Как пустыня, ты мною печально любима**...». - *Публ.* по кн.: Наталия Грушко. Ева. Стихотворения. Второе издание. Пб, 1922, с. 43.

«**Птица Гриф с глазами Мадонны**...». - *Публ.* по той же книге, с. 44. Это стихотворение, видимо, относится к Ахматовой, также как и следующее стихотворение в этой книге «Вся страсть, весь трепет, все соблазны...» (с. 45), которое носит посвящение « А ... ой».

МАРИНА ЦВЕТАЕВА (1892-1941). Поэтесса. Познакомилась с творчеством Ахматовой в 1912 г., когда прочла ее книгу «Вечер», и долгое время сохраняла восторженное отношение к ней. Однако они встретились лишь в начале сороковых годов в Москве, после возвращения Цветаевой из эмиграции. Цветаева посвятила Ахматовой около 15-и стихотворений,

К стр. 51-53

написанных между 1915 г. и 1921 г. Ахматова ей посвятила «Поздний ответ» (март 1940), «Какая есть. Желаю вам другую...» (июнь 1942) и «Нас четверо» (ноябрь 1961).

А н н е А х м а т о в о й (« У з к и й , н е р у с с к и й с т а н ...»). - *Публ.* по альманаху «День поэзии», М., «Советский писатель», 1968, с. 195 (публикация В. Швейцер). Это первое обращение Цветаевой к Ахматовой, оно вошло в состав ее третьего сборника «Юношеские стихи».

И з с т и х о в к А х м а т о в о й (« О , М у з а п л а ч а , п р е к р а с н е й ш а я и з м у з !..»). - *Публ.* по кн.: Марина Цветаева. Версты. Стихи. Выпуск I. М., «Государственное издательство», 1922, с. 75-76. Этим стихотворением открывается цикл «Стихи к Ахматовой», состоящий из одиннадцати стихотворений и впервые опубликованный в той же книге, с. 75-89. Под названием «Муза» и с посвящением «Анне Ахматовой» цикл вошел в кн.: Марина Цветаева. Психея. Романтика. Берлин, Издательство З. И. Гржебина, 1923, с. 29-38. Стихотворение вошло в антологию «Образ Ахматовой», с. 36. Его первые слова использованы Ахматовой в качестве эпиграфа к стихотворению «Нас четверо».

И з с т и х о в к А х м а т о в о й (« С о р е в н о в а н и я к о р о с т а ...»). - *Публ.* по кн.: Ахматовский сборник. 1. Составители Сергей Дедюлин и Габриель Суперфин. Paris, Institut d'Etudes Slaves, 1989, с. 200-201, в публикации Александра Сумеркина «Неизвестное стихотворение Цветаевой». Текст находится в частном московском архиве. Этим стихотворением Цветаева откликнулась на слух о самоубийстве Ахматовой, который распространился по Москве после расстрела Гумилева в конце августа 1921 г. На следующий день, 31 августа, узнав, что слух этот ложный, она написала Ахматовой длинное письмо, рассказывая ей про слухи о ее гибели. Она не стала печатать стихотворение, но включила третью его строфу в стихотворение под заголовком

К стр. 53-60

«Отрывок из стихов к Ахматовой», вошедшее в кн.: Марина Цветаева. Ремесло. Книга стихов. М.; Берлин, «Геликон», 1923, с. 64.

Ахматовой («Кем полосынька твоя...»). – *Публ.* по кн.: Марина Цветаева. Ремесло. Книга стихов. М.; Берлин, «Геликон», 1923, с. 95-96. Последнее стихотворение Цветаевой, посвященное Ахматовой. В нем речь идет о почти одновременной гибели поэтов А. Блока и Н. Гумилева.

КОНСТАНТИН МОЧУЛЬСКИЙ (1892-1948). Историк литературы, автор работ о Владимире Соловьеве, Гоголе, Достоевском, а также о поэзии символистов. Сблизился с Мандельштамом и Гумилевым в конце 1912 г. и, по-видимому, познакомился с Ахматовой весной 1913 г. Написал несколько статей о ее творчестве. С 1919 г. находился в эмиграции.

«Своей любовию не запятнаю...». – *Публ.* по журн. «Литературное обозрение», 1989, № 5, с. 44. Этот мадригал был записан Мочульским в альбоме Ахматовой 21 марта 1917 г. (ЦГАЛИ).

СЕРГЕЙ ШЕРВИНСКИЙ (р. 1892). Поэт, литературовед, переводчик писателей античности. Познакомился с Ахматовой в 1927 г. Ахматова гостила у Шервинских на их даче в Старках под Коломной три раза (1936, 1952, 1956). Им посвящено ее стихотворение «Под Коломной» (1943, Ташкент).

Анне Ахматовой. – *Публ.* по кн.: С. Шервинский. Стихи разных лет. М., «Советский писатель», 1984, с. 102-103. В конце 1964 г. Ахматова поехала в Таормину, чтобы получить литературную премию.

ГЕОРГИЙ ШЕНГЕЛИ (1894-1956). Поэт, литературовед, теоретик стихосложения.

«Вам снился Блок, и молодость, и море...». *Публ.* по газете «Литературнал Россия», 23 сентября 1988 г., с. 21.

ГЕОРГИЙ ИВАНОВ (1894-1958). Поэт, прозаик, мемуарист. Познакомился с Ахматовой в начале 1910-х годов в Петербурге. В начальную пору эгофутурист, потом член Цеха

К стр. 60-62

поэтов. В 1922 г. уехал за границу. Автор книги воспоминаний «Петербургские зимы» (полной неточностей) с очерком об Ахматовой, вызвавшим ее негодование.

«Я н в а р с к и й д е н ь. Н а б е р е г у Н е в ы ...». - *Публ.* по альманаху «Цех поэтов». Книга 4-ая. Берлин, 1923, с. 22. В стихотворении упоминаются персонажи ахматовской «Поэмы без героя»: Ольга Афанасьевна Глебова-Судейкина (1885-1945), актриса и художница; Паллада Олимпиевна Богданова-Бельская (1887-1968), актриса и поэтесса; Саломея Николаевна Андроникова (1888-1982), петербургская красавица, адресат стихотворений Мандельштама и Ахматовой; Всеволод Гавриилович Князев (1891-1913), поэт, покончивший с собой. В более позднем варианте этого стихотворения прибавлено еще 4 строки:

Ни Олечки Судейкиной не вспомнят, -
Ни черную, ахматовскую шаль,
Ни с мебелью ампирной низких комнат -
Всего того, что нам смертельно жаль.

(Георгий Иванов. Несобранное. Под редакцией и с комментариями Вадима Крейда. Orange, CT, Antiquary, 1987, с. 79).

«В п ы ш н о м д о м е г р а ф а З у б о в а ...». - *Публ.* по кн.: Георгий Иванов. 1943-1958. Стихи. Вступительная статья Романа Гуля. Нью-Йорк, Издание «Нового журнала», 1958, с. 46. *Граф Зубов* Валентин Платонович (1884-1969) - петербургский меценат, основатель Института истории искусств.

ГЕОРГИЙ АДАМОВИЧ (1894-1972). Поэт, критик. Был близок к «Цеху поэтов» и к акмеистам. С 1923 года жил в Париже. Автор воспоминаний об Ахматовой.

А н н е А х м а т о в о й. - *Публ.* по журн. «Литературное обозрение», 1989, № 5, с. 41 (публикация Н. А. Богомолова). Стихотворение было записано в альбом Ахматовой (ЦГАЛИ).

К стр. 63-70

«Так беспощаден вечный договор!..». - *Публ.* по кн.: Георгий Адамович. Облака. Стихи. М.; Пг., «Альциона», 1916, с. 9.

ВЕРА ЗВЯГИНЦЕВА (1894-1972). Поэтесса, переводчица, в юности актриса. Поклонница Блока, дружила с Цветаевой.

Анне Ахматовой. - Впервые в сборнике «Утренники». Кн. II. Пб., июнь 1922, с. 7. *Публ.* по журн. «Полиграфия», 1989, № 5, с. 26.

Из цикла «Анне Ахматовой». - *Публ.* по журн. «Литературное обозрение», 1989, № 5, с. 43 (публикация Н. А. Богомолова). Судя по месту стихотворения в черновой тетради в ЦГАЛИ, оно относится к 1922 г.

ЭРИХ ГОЛЛЕРБАХ (1895-1942). Искусствовед, литератор, поэт, график. Составитель антологии «Образ Ахматовой» (Л., 1925).

Анна Ахматова. - *Публ.* по кн.: Образ Ахматовой. Антология. Редакция и вступительная статья Э. Голлербаха. Второе издание. Л., Издание Ленинградского общества библиофилов, 1925, с. 40-41.

«День прозрачен и тих. За окном голубая Нева...» - *Публ.* по той же книге, с. 42.

АЛЕКСАНДР БЕЛЕНСОН (1895-1949). Поэт, прозаик, критик, издатель. Редактор альманахов «Стрелец».

Ответ Анне Ахматовой. - *Публ.* по кн.: Александр Беленсон. Врата тесные. Вторая книга стихов. Пб., «Стрелец», 1922, с. 26. Стихотворение является ответом на известное стихотворение Ахматовой «Чем хуже этот век предшествующих? Разве...», вошедшее в книгу «Подорожник» (Пг., 1921).

ЕЛЕНА ТАГЕР (1895-1964). Ленинградская писательница. Была арестована в 1939 г., провела 10 лет в Колымских лагерях и 6 лет в Западной Сибири и Средней Азии. По возвращении в Ленинград получила квартиру в том же доме, где жила Ахматова. Автор воспоминаний о Мандельштаме.

К стр. 70-75

«Синеглазая женщина входит походкой царицы...». - *Публ.* по альманаху «Воздушные пути». Альманах V. Нью-Йорк, редактор-издатель Р. Н. Гринберг, 1967, с. 86.

ВСЕВОЛОД РОЖДЕСТВЕНСКИЙ (1895-1977). Поэт. В своем творчестве испытал влияние Гумилева и других акмеистов.

Анне Ахматовой. - *Публ.* по журн. «Литературное обозрение», 1989, № 5, с. 41 (публикациая Н. А. Богомолова).

В альбом Ахматовой. - *Публ.* по кн.: Образ Ахматовой. Антология. Редакция и вступительная статья Э. Голлербаха. Второе издание. Л., Издание Ленинградского общества библиофилов, 1925, с. 32. Стихотворение было записано в альбом Ахматовой (ЦГАЛИ).

НАДЕЖДА ПАВЛОВИЧ (1895-1980). Поэтесса. В 1920-1921 гг. принадлежала к ближайшему окружению Блока, была секретарем петроградского Союза поэтов. Познакомилась с Ахматовой летом 1920 года.

Анна Ахматова. - *Публ.* по кн.: Надежда Павлович. Думы и воспоминания. Второе расширенное издание. М., «Советский писатель», 1966, с. 48-49. Первая часть этого стихотворения была сначала отдельно опубликована в первом издании той же книги (М., 1962, с. 51-52). Вторая и третья строфы первого стихотворения основаны на разговоре Павлович в 1921 году с крестьянками в бывшем имении Гумилевых в Бежецке.

ДМИТРИЙ ЯКУБОВИЧ (1897-1940). Известный пушкинист.

«В день Веры, Надежды и Любви...». - *Публ.* по кн.: Пушкинский Дом. Статьи. Документы. Библиография. Л., «Наука», 1982, с. 114, в статье Р. Д. Тименчика «Анна Ахматова и Пушкинский Дом», с. 106-118. Стихотворение связано с беседой Ахматовой с Якубовичем о ее работе «Последняя сказка Пушкина». *Генералиф* - мавританский дворец в Испании. *Ибрагим-ибн-Абу* - герой новеллы В. Ирвинга «Легенда об арабском звездочете», положенной в

К стр. 75-83

основу сюжета «Сказки о золотом петушке» Пушкина. Стихотворение было записано в альбом Ахматовой (ЦГАЛИ).

ЕЛЕНА ДАНЬКО (1898-1942). Поэтесса, детская писательница. Познакомилась с Ахматовой в начале 20-х годов в Петрограде.

«Не за толь, что сердце человечье...». - *Публ. по журн. «Полиграфия»*, 1989, № 5, с. 27 (публикация И. Н. и М. Н. Баженовых). Первое стихотворение из цикла «К Ахматовой (1 январь 1926 года)».

СЕРГЕЙ СПАССКИЙ (1898-1956). Ленинградский поэт, прозаик. В юности был близок к футуристам, испытал сильное влияние Пастернака.

Анне Ахматовой. - *Публ. по кн.*: Сергей Спасский. Земное время. Избранные стихи. Л., «Советский писатель», 1971, с. 161-163.

АЛЕКСАНДР ГАТОВ (1899-1972). Поэт, переводчик.

«Маленький томик Ахматовой...». - *Публ. по журн. «Сириус»* (Харьков), март 1916, № 1, с. 7.

АНДРЕЙ СКОРБНЫЙ (1902-1977). Настоящее имя Владимир Смиренский. Поэт, литературовед.

«Захлебнулась снегом дорога...». - *Публ. по кн.*: Андрей Скорбный. Звенящие слезы. Стихи. Пб., Издание Кольца поэтов, 1921, с. 14. Эпиграф ко всей книге: «Расскажи как Тебя целуют,/Расскажи как целуешь Ты ...»/ Анна Ахматова.

ЕЛЕНА БЛАГИНИНА (1903-1989). Поэтесса, автор многочисленных книг для детей.

Комарово. - *Публ. по альманаху «День поэзии 1982»*. М., «Советский писатель», 1982, с. 137.

ТАТЬЯНА ГНЕДИЧ (1907-1976). Ленинградская переводчица, поэтесса.

«Она молчит, венчанная Камена...». - *Публ. по кн.*: Татьяна Гнедич. Этюды. Сонеты. Л., «Лениздат», 1977, с. 15.

ВАРЛАМ ШАЛАМОВ (1907-1982). Московский поэт, автор

воспоминаний об Ахматовой. Провел много лет в лагерях.

Памяти Анны Ахматовой. - *Публ.* по газете «Коммунист» (Лиепая), 8 сентября 1978 г., № 175 (публикация С. В. Дедюлина).

АРСЕНИЙ ТАРКОВСКИЙ (1907-1989). Поэт, переводчик.

«Стелил я снежную постель...»; «Когда у Николы Морского...»; «Домой, домой, домой...»; «По льду, по снегу, по жасмину...»; «И эту тень я проводил в дорогу...». - *Публ.* по кн.: Арсений Тарковский. Стихотворения. М., «Художественная литература», 1974, с. 267-271. Второе и третье стихотворение впервые были опубликованы в газете «Литературная газета», 25 января 1967 г., № 4 (4082). Четвертое и пятое стихотворение впервые появились в журнале «Вопросы литературы», 1967, № 5, с. 117.

МАРИЯ ПЕТРОВЫХ (1908-1979). Поэтесса, переводчица. Познакомилась с Ахматовой в Москве осенью 1933 г. Позднее Ахматова часто останавливалась у нее, когда гостила в Москве. Ахматова высоко ценила ее поэзию.

«День изо дня и год из года...»; «Ты сама себе держава...»; «Ни ахматовской кротости...»; «Болезнь»; «Пустыня... Замело следы...». - *Публ.* по кн.: Мария Петровых. Черта горизонта. Стихи и переводы. Воспоминания о Марии Петровых. Ереван, «Советакан грох», 1986, с. 90; 91-92; 106; 120; 124. Третье стихотворение впервые было напечатано в кн.: Мария Петровых. Дальнее дерево. Стихи. Из армянской поэзии. Переводы. Ереван, 1968, с. 119. Пятое стихотворение впервые было опубликовано без эпиграфа в журнале «Литературная Армения», 1975, № 11, с. 69-70. Эпиграф взят из стихотворения Ахматовой «Вечерние часы перед столом...» (лето 1913). Все стихотворения, кроме второго, тоже вошли в кн.: Мария Петровых. Предназначенье. Стихи разных лет. М., «Советский писатель», 1983.

К стр. 95-101

ВЛАДИМИР ОРЛОВ (1908-1985). Литературовед, редактор собрания сочинений Блока.

А х м а т о в а . Т е т р а п т и х . - *Публ.* по кн.: Вл. Орлов. Дым от костра. Стихи. Л., «Советский писатель», 1988, с. 150-152.

АЛЕКСАНДР ГИТОВИЧ (1909-1966). Ленинградский поэт, переводчик. Один из близких друзей Ахматовой в последние годы ее жизни. Их дачи в Комарове находились рядом.

П а м я т и А н н ы А х м а т о в о й . - Впервые в журн. «Юность», 1968, № 3, с. 77. *Публ.* по кн.: Александр Гитович. Избранное. Л., «Лениздат», 1978, с. 187.

ВЛАДИМИР АДМОНИ (р. 1909). Ленинградский литературовед и филолог, специалист по теории немецкой грамматики и стилистики, переводчик и поэт. Познакомился с Ахматовой в 1939 г., подружился с ней в эвакуации в Ташкенте и впоследствии часто навещал ее в Ленинграде и в Комарове.

« З а т о , ч т о м у ч и т е л ь н ы х л е т в е р е н и ц а ...». - *Публ.* впервые по рукописи, переданной автором составителю. Стихотворение написано в стиле последних двух строф Ахматовского обращения к Пастернаку («Поэт», 19 января 1936). Адмони передал его Ахматовой на литературном вечере в Пушкинском Доме в 1939 г.. С этого и началось их знакомство.

« Э т о , в е р н о , о д н о и з ч у д е с ...». - *Публ.* по журн. «Звезда», 1989, № 6, с. 66 (в воспоминаниях Адмони об Ахматовой «На рубеже шестидесятых»). Текст стихотворения в журнале не датирован. Дата сообщена составителю автором.

ОЛЬГА БЕРГГОЛЬЦ (1910-1975). Ленинградская писательница, поэтесса. Дружила с Ахматовой на протяжении многих лет.

И з ц и к л а « А н н е А х м а т о в о й ». *Публ.* по кн.: Ольга Берггольц. Собрание сочинений в трех томах. Том третий. Л., «Художественная литература», 1973, с. 86.

К стр. 102-111

КСЕНИЯ НЕКРАСОВА (1912-1958). Поэтесса. В Ташкенте судьба свела ее с Ахматовой, которая по собственной инициативе взялась «пристроить» ее стихи.

А н н е А х м а т о в о й . - *Публ.* по кн.: Ксения Некрасова. Стихи. М., «Советский писатель», 1973, с. 74-75. Стихотворение, видимо, написано в эвакуации в Ташкенте во время войны.

ЯРОСЛАВ СМЕЛЯКОВ (1913-1972). Поэт. Родился в крестьянской семье. Жил и работал в Москве.

А н н а А х м а т о в а . - Впервые в газете «Литературная Россия», 17 июня 1966 г., с. 9. *Публ.* по кн.: Ярослав Смеляков. Избранные произведения в двух томах. Том первый. М., «Художественная литература», 1970, с. 273.

ЛЕВ ОЗЕРОВ (р. 1914). Поэт, переводчик, литературовед.

« В ы г и б л е б е д и н о й ш е и ...» . - Впервые в газете «Литературная Россия», 23 января 1970 г., с. 19. *Публ.* по кн.: Лев Озеров. Избранные стихотворения. М., «Художественная литература», 1974, с. 374.

АЛЕКСАНДР ГАЛИЧ (1918-1977). Автор и исполнитель песен, поэт. Был вынужден эмигрировать в 1974 г.

А н н е А н д р е е в н е А х м а т о в о й . - *Публ.* по журн. «Грани», 1975, № 98, с. 3-4. В 1950 г. Ахматова написала цикл стихотворений «Слава миру» в надежде добиться освобождения своего сына Л. Н. Гумилева, вновь арестованного и осужденного на заключение в лагерях в 1949 г. Эпиграф взят из стихотворения «И он орлиными очами ...» (в журнале «Грани» - опечатка: третья и четвертая строки ошибочно переставлены).

БОРИС СЛУЦКИЙ (1919-1986). Поэт. Учился в Харькове, потом в Москве.

« Я с т о й с т а р у х о й х л а д н о в е ж л и в б ы л ...» . - *Публ.* по журн. «Звезда», 1989, № 6, с 156 (публикация Ю. Л. Болдырева).

ДАВИД САМОЙЛОВ (1920-1990). Настоящая фамилия Кауфман. Поэт, переводчик, исследователь русского стиха.

К стр. 111-117

Познакомился с Ахматовой в начале 60-х годов в Москве. Она высоко ценила его стихи.

«Я в ы ш е л н о ч ь ю н а О р д ы н к у...». - Написано при жизни Ахматовой. Опубл. в кн.: Д. Самойлов. Дни. Стихи. М., «Советский писатель», 1970, с. 79. *Публ.* по кн.: Давид Самойлов. Избранное. Стихотворения и поэмы. М., «Художественная литература», 1980, с. 154.

С т а н с ы. - Впервые в газете «Литературная газета», 6 декабря 1978 г., с. 7. *Публ.* по кн.: Д. Самойлов. Стихотворения. М., «Советский писатель», 1985, с. 237-238. В книге стихотворение ошибочно датировано 1981-ым годом.

ЛЕВ ДРУСКИН (р. 1921). Ленинградский поэт. Навестил Ахматову в Комарове в 1965 г. В 1980 г. был вынужден эмигрировать из СССР. Живет в ФРГ.

«Я е щ е н е п р и в ы к , я с м у щ е н...». - Впервые в журн. «Нева», 1970, № 12, с. 122. *Публ.* по кн.: Лев Друскин. Стихотворения. Л., «Лениздат», 1976, с. 89. После смерти Ахматовой, Литфонд передал Друскину дачу в Комарове, на которой она жила (прозванную ею «Будкой»).

КОНСТАНТИН ВАНШЕНКИН (р. 1925). Поэт.

Г о л о с А х м а т о в о й. - Опубл. в альманахе «День поэзии. 1967». М., «Советский писатель», 1967, с. 60. *Публ.* по кн.: Константин Ваншенкин. Избранные стихи. М., «Художественная литература», 1969, с. 456.

ВЛАДИМИР КОРНИЛОВ (р. 1928). Московский поэт, прозаик. В 1959 г. познакомился с Ахматовой, которая уже в 1962 г. назвала его имя среди наиболее талантливых современных поэтов.

А н н е А х м а т о в о й. - *Публ.* по кн.: Владимир Корнилов. Возраст. Книга стихов. М., «Советский писатель», 1967, с. 62-63.

ИННА ЛИСНЯНСКАЯ (р. 1928). Поэтесса. Начала печататься в 1948 году.

К стр. 117-122

«С ю д а, г д е з а б в е н ь е с и з м е н о ю...». - *Публ. по кн.:* Инна Лиснянская. Дожди и зеркала. Стихи. Paris, YMCA-Press, 1983, с. 121.

АНДРЕЙ ВОЗНЕСЕНСКИЙ (р. 1933). Поэт.

К н и ж н ы й б у м. - Впервые в журн. «Юность», 1977, № 8, с. 87 (без последней строфы). Опубл. в кн.: Андрей Вознесенский. Соблазн. Стихи. М., «Советский писатель», 1978, с. 184-185 (без последней строфы). *Публ. по кн.:* Андрей Вознесенский. Собрание сочинений в трех томах. Том 2. М., «Художественная литература», 1984, с. 380. *Черный том ее агатовый* - «Стихи и проза». Л., «Лениздат», 1976. *Массивий Муравлев* - Василий Журавлев, в 1965 г. напечатавший под своим именем стихотворение Ахматовой «Перед весной бывают дни такие...».

АНАТОЛИЙ ЯКОБСОН (1935-1978). Эссеист, критик, переводчик. Познакомился с Ахматовой у М. С. Петровых. В 1973 г. эмигрировал в Израиль.

А н н е А х м а т о в о й. - *Публ.* по кн. : Лидия Чуковская. Записки об Анне Ахматовой. Том 2. 1952-1962. Paris, YMCA-Press, 1980, с. 614-615. Судя по записке от 30 октября 1962 г. (там же, с. 452), стихотворение было написано незадолго перед этим.

ЕВГЕНИЙ РЕЙН (р. 1935). Поэт, переводчик. Познакомился с Ахматовой в 1959 г. Вместе с Бобышевым, Бродским и Найманом был участником поэтической компании, которую Ахматова называла «волшебным хором».

«У з и м н е й т ь м ы п е ч а л и п о л о н р о т...». - *Публ. по кн.:* Евгений Рейн. Темнота зеркал. Стихотворения и поэмы. М., «Советский писатель», 1990, с. 87. По словам автора, это стихотворение было приподнесено Ахматовой в Боткинской больнице под Новый 1966-й год. По всей вероятности, это последнее стихотворение ей посвященное, которое она успела прочесть.

К стр. 123-131

ДМИТРИЙ БОБЫШЕВ (р. 1936). Поэт. Вместе с Бродским, Найманом и Рейном, был близок к Ахматовой в 60-ые годы. Ему посвящена «Пятая роза» (1963). В 1980 году эмигрировал в США.

Т р а у р н ы е   о к т а в ы . - *Публ.* по кн. : Дмитрий Бобышев. Зияния. Paris, YMCA-Press, 1979, с. 57-60. Для краткого комментария к этим стихам, см. статью А. Наймана в журн. «Литературное обозрение», 1989, № 5, с. 110-111.

АЛЕКСАНДР КУШНЕР (р. 1936). Ленинградский поэт. Познакомился с Ахматовой в 1961 году.

П а м я т и   А н н ы   А х м а т о в о й . - Впервые в альманахе «Молодой Ленинград». М.; Л., «Советский писатель», 1966, с. 171-172. *Публ.* по кн. : Александр Кушнер. Стихотворения. Л., «Художественная литература», 1986, с. 228-229.

АНАТОЛИЙ НАЙМАН (р. 1936). Поэт, переводчик. Познакомился с Ахматовой осенью 1959 г., с 1962 г. был ее литературным секретарем. Автор книги «Рассказы о Анне Ахматовой», М., «Художественная литература», 1989. Ему посвящено стихотворение «Что нам разлука? - Лихая забава ...» (1959).

К а р т и н а   в   р а м е . - *Публ.* по кн. : Памяти Анны Ахматовой. Стихи. Письма. Л. Чуковская. «Записки об Анне Ахматовой». Paris, YMCA-Press, 1974, с. 205-206. Стихотворение входило в цикл «Семь стихотворений памяти Анны Ахматовой. 1966-1972».

БЕЛЛА АХМАДУЛИНА (р. 1937). Московская поэтесса, прозаик.

« Ч е т в е р т ь   в е к а , М а р и н а , т о м у ...». - Впервые под заголовком «Смерть Ахматовой» в кн. : Белла Ахмадулина. Озноб. Избранные произведения. Под редакцией Н. Тарасовой. Frankfurt, «Посев», 1968, с. 192-193. *Публ.* по кн.: Белла Ахмадулина. Стихотворения. М., «Художественная литература», 1988, с. 137-138.

К стр. 132-136

С т р о к а . – Впервые в альманахе «День поэзии. 1974». М., «Советский писатель», 1974, с. 113-114. *Публ.* по кн. : Белла Ахмадулина. Метель. Стихи. М., «Советский писатель», 1977, с. 36.

ИОСИФ БРОДСКИЙ (р. 1940). Поэт, эссеист. Познакомился с Ахматовой в начале 60-х годов. В 1964 г. был осужден за тунеядство и сослан на Север. В июне 1972 г. был вынужден эмигрировать. В настоящее время живет в США. Лауреат Нобелевской премии.

С р е т е н ь е . – *Публ.* по кн. : Иосиф Бродский. Часть речи. Стихотворения 1972-1976. Анн Арбор, Ардис, 1977, с. 20-22.

Н а с т о л е т и е А н н ы А х м а т о в о й . – *Публ.* по журн. «Континент», 1989, № 61, с. 7. *Deus conservat omnia (Бог сохраняет все)* – девиз в гербе на воротах дворца Шереметевых (Фонтанного Дома), где Ахматова жила много лет.

СОДЕРЖАНИЕ

Памела Дэвидсон. Вступительная статья iii

Евгений Рейн. Предисловие viii

ФЕДОР СОЛОГУБ (1863-1927)
Анне Ахматовой
  («Прекрасно все под нашим небом...») 1

МИХАИЛ КУЗМИН (1872-1936)
«Залетною голубкой к нам слетела...» 2

СЕРГЕЙ РАФАЛОВИЧ (1875-1943)
Расколотое зеркало 3

СЕРГЕЙ ГЕДРОЙЦ (1876-1932)
Ответ Анне Ахматовой
  («Наказанье Божье – милость велия...») 4

ЮРИЙ ВЕРХОВСКИЙ (1878-1956)
Эринна 5
«Как брызги пенные блистающей волны...» 6

АЛЕКСАНДР БЛОК (1880-1921)
Анне Ахматовой
  («Красота страшна – Вам скажут...») 7

ВАСИЛИЙ КОМАРОВСКИЙ (1881-1914)
Анне Ахматовой («В полуночи, осыпанной золою...») ... 8

БОРИС САДОВСКОЙ (1881-1952)
Анне Ахматовой
  («К воспоминаньям пригвожденный...») 9
«Прекрасен поздний час в собачьем душном крове...» ...10

НИКОЛАЙ НЕДОБРОВО (1882-1919)
«Не напрасно вашу грудь и плечи...» 11
«Законодательным скучая вздором...» 12
«С тобой в разлуке от твоих стихов...» 13

БОРИС АНРЕП (1883-1969)
«Я позабыл слова и не сказал заклятья ...» 14
«Мне страшно, милая, узор забавных слов...» 15
Прощание 16

СЕРГЕЙ ГОРОДЕЦКИЙ (1884-1967)
«В начале века профиль странный...» 17

ВЕЛИМИР ХЛЕБНИКОВ (1885-1922)
Песнь смущенного 18
Одинокий лицедей 19

НИКОЛАЙ ГУМИЛЕВ (1886-1921)
Русалка 21
«Аддис-Абеба, город роз...» 22
«Ангел лег у края небосклона...» 23
Из логова змиева 24
Она 25
Отравленный 26

АЛЕКСАНДР ТИНЯКОВ (1886-1934)
Анне Ахматовой («Ты - изначально-утомленная...»)...28

ВЛАДИМИР ПЯСТ (1886-1940)
«...Здравствуй, желанная дочь...» ... 29

МИХАИЛ ЛОЗИНСКИЙ (1886-1955)
Не забывшая ... 30

НИКОЛАЙ КЛЮЕВ (1887-1937)
«Посв. Гумилевой»
  («Ржавым снегом – листопадом...») ... 31
«...Ахматова – жасминный куст...» ... 32

ИГОРЬ СЕВЕРЯНИН (1887-1941)
Стихи Ахматовой («Стихи Ахматовой считают...») ... 33
Ахматова («Послушница обители Любви...») ... 35

НИКОЛАЙ АСЕЕВ (1889-1963)
А. А. Ахматовой («Не враг я тебе, не враг!..») ... 36

БОРИС ПАСТЕРНАК (1890-1960)
Анне Ахматовой («Мне кажется, я подберу слова...») ... 37

ЕЛИЗАВЕТА ПОЛОНСКАЯ (1890-1969)
Анне Ахматовой
  («Здесь пышностью былой империи воздвигнут...») ... 39
Анне Ахматовой
  («Мы Вас любили, мальчики и девочки...») ... 40

ЮРИЙ НИКОЛЬСКИЙ (1891-1922)
Ахматовой («Я не знаю – жива Ты, жива Ты...») ... 41

ВЛАДИМИР ШИЛЕЙКО (1891-1930)
«Уста Любви истомлены...» ... 42
«Живу мучительно и трудно...» ... 43

ОСИП МАНДЕЛЬШТАМ (1891-1938)
«Как Черный ангел на снегу...» ... 44
«Вполоборота, о печаль...» ... 45
«Черты лица искажены...» ... 46
Кассандре ... 47
«Твое чудесное произношенье...» ... 48

НАТАЛИЯ ГРУШКО (1892-19??)
«Как пустыня, ты мною печально любима...» ... 49
«Птица Гриф с глазами Мадонны...» ... 50

МАРИНА ЦВЕТАЕВА (1892-1941)
Анне Ахматовой («Узкий, нерусский стан...») ... 51
Из стихов к Ахматовой
  («О, Муза плача, прекраснейшая из муз!..») ... 52
Из стихов к Ахматовой («Соревнования короста...») ... 53
Ахматовой («Кем полосынька твоя...») ... 54

КОНСТАНТИН МОЧУЛЬСКИЙ (1892-1948)
«Своей любовию не запятнаю...» ... 56

СЕРГЕЙ ШЕРВИНСКИЙ (р.1892)
Анне Ахматовой
  («Я плыл Эгейским морем. Вдалеке...») ... 57

ГЕОРГИЙ ШЕНГЕЛИ (1894-1956)
Анне Ахматовой
  («Вам снился Блок, и молодость, и море...») ... 59

ГЕОРГИЙ ИВАНОВ (1894-1958)
«Январский день. На берегу Невы...» ... 60
«В пышном доме графа Зубова...» ... 61

ГЕОРГИЙ АДАМОВИЧ (1894-1972)
Анне Ахматовой («По утрам свободный и верный...»)...62
«Так беспощаден вечный договор!..».................63

ВЕРА ЗВЯГИНЦЕВА (1894-1972)
Анне Ахматовой
  («Наше дело - последнюю кровь в рубины...»).......64
Из цикла «Анне Ахматовой»
  («И когда настали дни такие...»)..................65

ЭРИХ ГОЛЛЕРБАХ (1895-1942)
Анна Ахматова
  («Безмолвие. Глубокая безгласность...»)...........66
«День прозрачен и тих. За окном голубая Нева...».....68

АЛЕКСАНДР БЕЛЕНСОН (1895-1949)
Ответ Анне Ахматовой
  («Суров сей век и тягостен без меры...»)..........69

ЕЛЕНА ТАГЕР (1895-1964)
«Синеглазая женщина входит походкой царицы...»....70

ВСЕВОЛОД РОЖДЕСТВЕНСКИЙ (1895-1977)
Анне Ахматовой
  («Да, честь и радостная твердость...»)............71
В альбом Ахматовой
  («Рвет струну горячий ветер бед...»)..............72

НАДЕЖДА ПАВЛОВИЧ (1895-1980)
Анна Ахматова
1. «Нет лиры, пояска, сандалий...».................73
2. Ее памяти......................................74

ДМИТРИЙ ЯКУБОВИЧ (1897-1940)
«В день Веры, Надежды и Любви...» 75

ЕЛЕНА ДАНЬКО (1898-1942)
«Не за то ль, что сердце человечье ...» 76

СЕРГЕЙ СПАССКИЙ (1898-1956)
Анне Ахматовой
1. «Ваш образ так оформлен славой...» 77
2. «Толпятся густо завтрашние трупы...» 78

АЛЕКСАНДР ГАТОВ (1899-1972)
«Маленький томик Ахматовой....» 79

АНДРЕЙ СКОРБНЫЙ (1902-1977)
«Захлебнулась снегом дорога...» 80

ЕЛЕНА БЛАГИНИНА (1903-1989)
Комарово 81

ТАТЬЯНА ГНЕДИЧ (1907-1976)
«Она молчит, венчанная Камена...» 82

ВАРЛАМ ШАЛАМОВ (1907-1982)
Памяти Анны Ахматовой
(«Труп еще называется телом...») 83

АРСЕНИЙ ТАРКОВСКИЙ (1907-1989)
«Стелил я снежную постель...» 85
«Когда у Николы Морского...» 86
«Домой, домой, домой...» 87
«По́ льду, по́ снегу, по жасмину...» 88
«И эту тень я проводил в дорогу...» 89

МАРИЯ ПЕТРОВЫХ (1908-1979)
«День изо дня и год из года...» 90
«Ты сама себе держава...» 91
«Ни ахматовской кротости...» 92
Болезнь 93
«Пустыня... Замело следы...» 94

ВЛАДИМИР ОРЛОВ (1908-1985)
Ахматова. Тетраптих 95

АЛЕКСАНДР ГИТОВИЧ (1909-1966)
Памяти Анны Ахматовой
 («Дружите с теми, кто моложе вас...») 98

ВЛАДИМИР АДМОНИ (р. 1909)
«За то, что мучительных лет вереница...» 99
«Это, верно, одно из чудес...» 100

ОЛЬГА БЕРГГОЛЬЦ (1910-1975)
Из цикла «Анне Ахматовой»
 («...Она дарить любила. Всем. И - разное...») 101

КСЕНИЯ НЕКРАСОВА (1912-1958)
Анне Ахматовой («А я встала нынче...») 102

ЯРОСЛАВ СМЕЛЯКОВ (1913-1972)
Анна Ахматова («Не позабылося покуда...») 104

ЛЕВ ОЗЕРОВ (р.1914)
«Выгиб лебединой шеи...» 106

АЛЕКСАНДР ГАЛИЧ (1918-1977)
Анне Андреевне Ахматовой
 («Ей страшно. И душно. И хочется лечь...») 107

БОРИС СЛУЦКИЙ (1919-1986)
«Я с той старухой хладновежлив был...» 109

ДАВИД САМОЙЛОВ (1920-1990)
«Я вышел ночью на Ордынку...» 111
Стансы 112

ЛЕВ ДРУСКИН (р. 1921)
«Я еще не привык, я смущен...» 114

КОНСТАНТИН ВАНШЕНКИН (р.1925)
Голос Ахматовой 115

ВЛАДИМИР КОРНИЛОВ (р.1928)
Анне Ахматовой («Ваши строки невеселые...») 116

ИННА ЛИСНЯНСКАЯ (р.1928)
«Сюда, где забвенье с изменою...» 117

АНДРЕЙ ВОЗНЕСЕНСКИЙ (р.1933)
Книжный бум 118

АНАТОЛИЙ ЯКОБСОН (1935-1978)
Анне Ахматовой («Рука всевластная судьбы...») 120

ЕВГЕНИЙ РЕЙН (р.1935)
«У зимней тьмы печали полон рот...» 122

ДМИТРИЙ БОБЫШЕВ (р.1936)
Траурные октавы 123

АЛЕКСАНДР КУШНЕР (р.1936)
Памяти Анны Ахматовой
(«Волна темнее к ночи...») 126

АНАТОЛИЙ НАЙМАН (р.1936)
Картина в раме ... 128

БЕЛЛА АХМАДУЛИНА (р.1937)
«Четверть века, Марина, тому...» ... 130
Строка ... 132

ИОСИФ БРОДСКИЙ (р.1940)
Сретенье ... 133
На столетие Анны Ахматовой ... 136

ПРИМЕЧАНИЯ ... 137

Офсетная печать и переплет выполнены в типографии New Engl. Publ. Co., 728 Hampden st., Holyoke, MA 01040. Tel. (413) 533-4231.